Mit C. S. Lewis
den Staub aus dem Alltag klopfen

HERDER spektrum

Band 5804

Das Buch

Vom weltberühmten Autor phantastischer Geschichten, vom Narnia-Erzähler und brillanten Essayisten C. S. Lewis: Texte, die mit Humor Himmel und Hölle erkunden, die Welt im Kopf und Gott im Herzen haben. Neue Perspektiven gewinnen: Nicht nur fühlen, sondern denken. Glauben, aber auch lachen. Eine wunderbare Auswahl – Gedanken über den Glauben, die Liebe, über Wunder und den Alltag.

Der Autor

Clive Staples Lewis, geb. 1898 in Nordirland, promovierte in klassischer Philologie und Philosophie, Professor für englische Literatur in Oxford und Cambridge. Schriftsteller mit Millionenauflagen weltweit, Radioautor und Autor von Kinderbüchern, u. a. der Märchen von Narnia.

Der Herausgeber

Arnd Brummer, geb. 1957, ist Chefredakteur und Geschäftsführer der Zeitschrift „Chrismon“, davor lange Jahre beim Deutschen Allgemeinen Sonntagsblatt. Zahlreiche Veröffentlichungen. Lebt in Frankfurt.

C. S. Lewis

Mit C. S. Lewis den Staub aus dem Alltag klopfen

Herausgegeben von
Arnd Brummer

HERDER

FREIBURG · BASEL · WIEN

Gedruckt auf umweltfreundlichem,
chlorfrei gebleichtem Papier

www.herder.de
Satz: Dtp-Satzservice Peter Huber, Freiburg
Druck und Bindung:
CPI Moravia Books, Pohorelice 2006
Umschlaggestaltung und Konzeption:
R·M·E München / Roland Eschlbeck, Julia Wolf
ISBN-13: 978-3-451-05804-2
ISBN-10: 3-451-05804-9

Inhalt

Vorwort

Das Schwerste ist einfach zu schreiben, ohne zu verkürzen und ungenau zu werden. Und wenn man dann noch einer der belesensten Menschen seiner Zeit ist, ein weltweit renommierter Literaturwissenschaftler, ein über jeden Zweifel erhabener Intellektueller, dann erscheint es fast unmöglich, das gesamte Gepäck der Bildung in der Ecke stehen zu lassen, und den Versuch zu unternehmen, schwierigste Fragen der Theologie und der christlichen Dogmatik in klare, jedermann verständliche Sätze und Bilder zu fassen.

Clive Staples Lewis hat all dies vermocht. Nicht nur einmal, sondern in zahlreichen Essays, Vorträgen und Schriften, in denen er seinen christlichen Glauben erklärte, das Christentum verteidigte und neue spirituelle Kraft vermittelte, suchte und fand er einen dritten Weg zwischen plakativer Volkstümelei und intellektueller Abgehobenheit.

Einer breiten Öffentlichkeit bekannt geworden ist C.S. Lewis als Autor der inzwischen vielfach verfilmten Chroniken von Narnia. Neben seinem Freund J.R.R. Tolkien gilt er mit dieser Kinderbuchserie als Schöpfer der anspruchsvollen Fantasy-Literatur. Auch in den Narnia-Büchern behandelt Lewis theologische Fragen, versucht existentielle Antworten in literarische Bilder zu kleiden.

Die Intensität, mit der Lewis agnostischen Skeptikern und Atheisten begegnet, hat – von ihm offen angesprochen – ihren Grund in dem Umstand, dass er selbst erst im Alter von 33 Jahren den Weg zum christlichen Glauben fand. Seine Bekehrung erlebte er in zahlreichen Gesprächen mit seinem streng katholischen Freund Tolkien, zu dessen Bedauern er sich aber nicht dem Katholizismus zuwandte, sondern in der anglikanischen Kirche seiner Kindheit blieb.

Nirgendwo in seinen Büchern, Radio-Vorträgen und Briefen gebärdet sich Lewis jedoch konfessionell. Ihm geht es um den allen Christen gemeinsamen direkten Bezug auf Jesus Christus und das Bild Gottes, wie es im Neuen Testament der Bibel zu finden ist. Dies macht Lewis zu einem modernen ökumenischen Denker, auf den sich im anglo-amerikanischen Kulturraum katholische Bischöfe, freikirchliche Geistliche und protestantische Theologen mit gleicher Verbundenheit beziehen.

Lewis' Vorgehen hat durchaus missionarischen Charakter. Da er selbst seine Konversion zum Christentum als ein Ereignis der Freude erlebte, ist er bestrebt, auch anderen Menschen die erlösende Präsenz Christi, die heilsame und hoffnungsspendende Wirkung der Botschaft zu vermitteln. Lewis schreibt nicht als eifernder Besserwisser, er begegnet seinem Publikum als Gesprächspartner und Freund, dem gerade die Irrungen und Wirrungen einer agnostisch-skeptischen Auseinandersetzung mit Religion und Glauben aus eigner Erfahrung nur allzu vertraut sind.

Seine Zeitgenossen in der ersten Hälfte des zwanzigsten Jahrhunderts erkannten rasch, dass Lewis zu den seltenen Doppelbegabungen zählte, die sowohl literaturwissenschaftlich brillant zu arbeiten wie auch eingängig literarisch zu schreiben vermögen. Auch heutzutage sind Menschen, die ebenso gut analytisch wie literarisch denken und formulieren können, die seltene Ausnahme.

Wenn auch viele seiner religiösen Schriften aus der Zwischenkriegszeit, aus der Zeit des Zweiten Weltkriegs und des folgenden kalten Krieges ihr Unterfutter beziehen, so erweisen sie sich doch über weite Passagen als außerordentlich frisch, ja zeitlos modern. Das gilt vor allem dann, wenn sie sich mit esoterischen oder mit fundamentalistischen Engführungen christlicher Provenienz auseinandersetzen. Kein Wunder, dass Lewis schärfste Kritiker just diesen beiden Lagern entstammen. Allen absoluten Behauptungen, nur mittels bestimmter Rituale, Auslegungen und Praktiken könne man zum besseren Christen werden, begegnet Lewis mit der Erkenntnis, dass der Weg zum Glauben nur persönlich gefunden werden kann.

Streitlustig setzt Lewis sich mit Vergötzungen jeder Art auseinander. Dazu zählt er die Überbetonung der erotischen Liebe genauso wie übersteigerten Patriotismus.

Mit spitzer Feder attackiert er naturreligiöse Allgemeinplätze und den Mythos des Fortschrittes. Die stetige Erfindung neuer Werte nimmt er ironisch aufs Korn. Für Lewis gibt es in der Wertedebatte keinen Fortschritt, sondern lediglich Moden, in denen bald der eine, bald der andere überkommene Wert in den Mittelpunkt gerückt und übersteigert wird. „Der Menschengeist hat nicht mehr Macht, einen neuen Wert zu erfinden, als eine neue Sonne an den Himmel oder eine neue Grundfarbe ins Spektrum zu setzen."

Nach Lewis' Überzeugung tun Christen gut daran, sich auf die vier Kardinaltugenden zu besinnen: Klugheit, Mäßigkeit, Gerechtigkeit und Tapferkeit. „Weil Christus gesagt hat, dass wir in seine Welt nur gelangen, wenn wir sind wie die Kinder, meinen viele Christen, es genüge gut zu sein, und es komme dann nicht darauf an, ob man ein Dummkopf ist oder nicht. Aber das ist ein Missverständnis." Christus, so Lewis unter Berufung auf Paulus, „will das Herz eines Kindes, aber den Kopf eines Erwachsenen. Er will dass wir unkompliziert, aufrichtig, liebevoll und belehrbar wie gute Kinder sind, aber er fordert von uns auch alle Intelligenz, deren wir fähig sind, Geschmeidigkeit bei allem Tun und erstklassige Kampfbereitschaft. Die Tatsache, dass man einer Wohltätigkeitsstiftung einen Betrag spendet, entbindet nicht von der Pflicht herauszufinden, ob diese Stiftung Schwindel ist oder nicht ... Gott hat für intellektuelle Drückeberger genauso wenig übrig wie für alle andern Drückeberger."

In diesem Sinne ist die vorgelegte Auswahl von Gedanken, kühnen Entwürfen, kleinen Provokationen und tiefen Einsichten kein Angebot für Drückeberger. Es ist die eine oder andere Überlegung zu finden, an der man sich heftig reiben kann. Aber alles atmet einen Geist der Liebe und der Aufrichtigkeit.

Arnd Brummer

MENSCHEN

Heutzutage meinen viele, das Almosengeben sollte eigentlich überflüssig sein, und anstatt den Armen etwas zu spenden, sollten wir lieber eine Gesellschaft schaffen, in der es keine Armen mehr gibt. Sie mögen ganz Recht haben damit, dass wir eine solche Gesellschaft schaffen sollten. Aber wenn irgend jemand meint, wir könnten deshalb schon jetzt aufhören, Almosen zu geben, dann hat er sich von aller christlicher Moral weit entfernt.

Wie viel wir geben sollten, kann man sicher nicht fest bestimmen. Der einzige zuverlässige Maßstab ist wohl, mehr zu geben, als wir eigentlich erübrigen können. Mit anderen Worten, wenn wir für unseren Komfort, für Luxus und Vergnügen genauso viel ausgeben wie andere Menschen mit etwa gleichem Einkommen, dann geben wir wahrscheinlich zu wenig fort. Wenn unsere Freigebigkeit uns nicht ein bisschen zwackt oder uns lästig wird, dann ist sie nicht freigebig genug. Es sollte immer noch Dinge geben, die wir gern täten, die wir uns aber nicht leisten können, weil wir unser Geld für wohltätige Zwecke ausgeben. Ich spreche hier von Wohltätigkeit im allgemeinen Sinn. Besondere Fälle von Not im eigenen Verwandtenkreis, bei Freunden, Nachbarn oder Untergebenen, auf die Gott uns gleichsam mit der Nase stößt, mögen sehr viel mehr verlangen, vielleicht soviel, dass wir dabei selbst fast in Not geraten.

Für viele von uns sind es aber nicht luxuriöses Leben und der Wunsch nach mehr Geld, die uns am Wohltätigsein hindern, sondern die Angst, die Angst vor der Unsicherheit. Das müssen wir als Versuchung erkennen. Manchmal behindert uns auch der Stolz; wir sind geneigt, dort mehr zu geben, wo wir unsere Freigebigkeit öffentlich zur Schau stellen können – beim Trinkgeld oder Gästebewirten –, statt die zu unterstützen, die unsere Hilfe wirklich brauchen.

Genuss und Bildung

Wenn ich mich frage, was Bildung mir persönlich bedeutet, dann lautet die erste Antwort, dass sie mir eine ganz beträchtliche Menge Freude macht. Es steht für mich außer Zweifel, dass Freude an sich etwas Gutes und Kummer an sich etwas Schlechtes ist; wenn nicht, dann hätte die ganze christliche Überlieferung von Himmel und Hölle und vom Leiden unseres Herrn keinen Sinn. Freude ist also gut; eine „sündige" Freude ist etwas Gutes, das unter Voraussetzungen angeboten und angenommen wird, die eine Verletzung der sittlichen Maßstäbe bedingen. Die Freuden der Bildung sind jedoch nicht grundsätzlich an solche Voraussetzungen gebunden – auch wenn sie natürlich sehr leicht so genossen werden können, dass sie damit einhergehen. Oft sind sie indessen, wie Newman festgestellt hat, eine ausgezeichnete Ablenkung von schuldhaften Vergnügen. Darum dürfen wir sie sowohl fröhlich selbst genießen als auch mit Fug und Recht und sogar aus Liebe andere lehren, sie zu genießen.

Schlechte Bücher

Als gefallene Geschöpfe neigen wir dazu, Beleidigungen unseres Geschmacks mindestens ebenso übel, wenn nicht noch übler zu nehmen wie Beleidigungen unseres Gewissens oder unserer Vernunft; und liebend gern würden wir über einem Menschen, dessen Schreiberei uns (vielleicht aus Gründen, die mit gut und böse nicht das Geringste zu tun haben) wie ein schlechter Geruch in die Nase gestochen hat, genauso den Stab brechen wie über einem, der Verkehrtes und Böses von sich gegeben hat – wenn wir nur einen plausiblen Grund dazu finden. Wir können diese Tendenz gut bei Kindern beobachten: Eine Freundschaft gerät ins Wanken, wenn man entdeckt, dass der Spielkamerad, dem man bislang vertraut hat, *wirklich* Pflaumen mag. Doch selbst für uns Erwachsene ist es „süßes, süßes Gift", wenn wir das Gefühl haben, wir könnten jeden Ausdruck unserer Liebesabneigung mit einem „so spricht der Herr!" untermauern. Um diese abscheuliche Gefahr zu vermeiden, müssen wir uns unablässig bemühen, die Eigenheiten eines Schriftstellers, die wir aus ehrlicher Überzeugung als wirklich schlecht verurteilen können, von seinem besonderen Stil zu unterscheiden, der uns als Leuten von gutem Geschmack einfach auf die Nerven geht – auch wenn beides noch so eng miteinander verquickt ist, weil die Sachverhalte so subtil und unsere Gefühle so aufdringlich sind. Das ist schwierig, weil das Letztere oft so viel offensichtlicher ist und in uns so heftige Reaktionen auslöst. Der einzige sichere Kurs scheint mir zu sein, dass wir in Fragen der Weltanschauung unser Verdammungsurteil für die Haltungen aufsparen, die vom christlichen Gewissen in Übereinstimmung mit der Schrift und den kirchlichen Überlieferungen allgemein als schlecht bezeichnet werden. Ein schlechtes Buch muss insoweit als wirklich schlecht betrachtet werden, als sich nachweisen lässt, dass es zu Triebhaftigkeit, zu Hochmut oder Mord anreizt, dass es in Widerspruch steht zu der Lehre von der göttlichen Vorsehung oder ähnliches. Die übrigen unter Kritikern beliebten abwertenden Attribute (mittelmäßig, nicht eigenständig, billig, manieriert, affektiert, akademisch, bürgerlich, viktorianisch, gregorianisch, „literarisch") sollten wir lieber strikt auf der „Geschmacksseite" unserer Rechnung buchen. Beim Untersuchen der Geisteshaltung eines Textes können wir so gründlich sein, wie wir wollen. Doch beim theologischen und moralischen Verurteilen (das auf einer anderen Ebene liegt als unsere geschmackliche Abneigung) sollten wir lieber sehr ungründlich sein. Sparen wir es uns auf für eindeutige Todsünden, für offenkundigen Atheismus und Irrlehre. Denn unsere Gefühle verleiten uns ohnehin zum Gegenteil, und wenn wir nicht auf der Hut sind, kann die Kritik für uns zum bloßen Vorwand werden, unsere persönlichen Antipathien mit pseudo-moralischen Urteilen zu untermauern und uns so an Büchern zu rächen, die wir nicht riechen können.

Liebe und Lachen

Liebende lachen stets übereinander – bis sie ein Kind haben, über das sie lachen können.

Gute Menschen für bessere Systeme

Fast alle Menschen zu allen Zeiten waren sich (zumindest in der Theorie) einig, dass wir ehrlich, freundlich und hilfsbereit sein sollten. Aber wenn wir uns damit zufrieden geben, dann brauchen wir gar nicht erst anzufangen, über Moral und Ethik nachzudenken. Wir betrügen uns selbst, wenn wir nicht weiterdenken, wenn wir nicht anfangen, in uns selbst Ordnung zu schaffen.

Was nutzt es, den Schiffen die Richtung anzugeben, in die sie steuern müssen, um Kollisionen zu vermeiden, wenn es abgetakelte alte Kähne sind, die sich gar nicht richtig steuern lassen? Welchen Sinn hat es, auf dem Papier Regeln über soziales Verhalten aufzustellen, wenn wir genau wissen, dass unser Neid, unsere Feigheit, unsere schlechte Laune und unser Eigendünkel uns daran hindern werden, sie einzuhalten? Dabei meine ich keineswegs, dass wir nicht über Verbesserungen unseres sozialen und wirtschaftlichen Systems nachdenken, und zwar ernsthaft nachdenken sollen. Aber ich meine auch, dass all unsere Überlegungen nur in leerem Gerede enden werden, wenn wir nicht begreifen, dass allein der Mut und die Selbstlosigkeit des Einzelnen ein System funktionsfähig erhalten können. Es ist vielleicht nicht so schwer, bestimmte Arten von Korruption oder Tyrannei zu unterbinden, die in unserem bestehenden System möglich sind; solange es aber unter den Menschen Gauner und Erpresser gibt, werden sie Mittel und Wege finden, das alte Spiel auch unter neuen Verhältnissen weiterzuspielen. Wir können den Menschen nicht durch Gesetzesbeschluss bessern; aber ohne gute Menschen können wir auch kein besseres System schaffen.

Sex und Humor

Nicht umsonst sind alle Sprachen der Welt voll von Witzen über Sex. Viele davon mögen blöd oder widerlich sein, und fast alle sind uralt. Aber wir müssen darauf bestehen, dass sie eine Haltung gegen Venus verkörpern, die auf die Dauer das Christenleben weit weniger gefährdet als ehrfurchtsvolle Feierlichkeit. Wir dürfen nicht versuchen, das Fleischliche absolut zu setzen. Wer Spiel und Lachen vom Liebesbett verbannt, öffnet leicht einer falschen Göttin die Tür. Sie ist noch falscher als Aphrodite; denn die Griechen wussten bei aller Verehrung, dass Aphrodite das Lachen liebt. Die verbreitete Meinung, dass Venus auch ein komischer Geist sei, ist völlig richtig. Wir sind keineswegs verpflichtet, unsere Liebesduette in Moll zu singen, bebend, ewigkeitstrunken, herzzerbrechend wie Tristan und Isolde. Singen wir doch auch wie Papageno und Papagena!

Mit ungewaschenen Händen

Schmutzige Fingernägel, Leberstörungen, Interesselosigkeit und eine schlechte Sprache kommen im konkreten Fall oft aus Ungehorsam, Faulheit, Überheblichkeit oder Unmäßigkeit. Aber sie können auch aus Armut und Unglück kommen. Sie können sogar aus einer Tugend kommen. Vielleicht hat sich jemand nicht hinter den Ohren gewaschen oder seine Sprache ist dem Jargon der Tagespresse entnommen, weil er die Zeit und Kraft, die andere für ein gepflegtes Äußeres oder eine gute Sprache aufwenden, für gute Werke eingesetzt hat. Gregor der Große war es, glaube ich, der sich seines ungehobelten Stils gerühmt hat. Und unser Herr hat mit ungewaschenen Händen gegessen.

Unhöfliche Eltern

Man hört viele Klagen über die Unhöflichkeit der heranwachsenden Generation. Ich selbst gehöre nicht mehr zu den Jungen, und vielleicht erwartet man von mir, dass ich mich auf die Seite der Älteren stelle. Aber mich haben die schlechten Manieren von Eltern gegenüber ihren Kindern viel stärker beeindruckt als solche von Kindern gegen ihre Eltern. Wer wäre noch nie der verlegene Gast an einem Familientisch gewesen, wo Vater oder Mutter ihre erwachsenen Kinder mit einer Unhöflichkeit behandelten, die im Umgang mit anderen jungen Leuten einfach das Ende der Bekanntschaft bedeutet hätte? Sie stellen Behauptungen auf, von denen sie im Gegensatz zu ihren Kindern nichts verstehen, fallen ihnen ins Wort, widersprechen ihnen ins Gesicht, ziehen Dinge ins Lächerliche, die die Jungen ernstnehmen – zum Beispiel die Religion –, machen beleidigende Anspielungen auf die Freunde … Und dann klagen sie: „Warum gehen sie immer aus? Warum sind sie lieber in jedem andern Haus als hier, zu Hause?“ Die Antwort fällt nicht schwer: Wer zieht nicht Freundlichkeit der groben Unhöflichkeit vor.

Mensch mit Hund

Mensch mit Hund schließt eine Kluft im All.

Doch leider werden Tiere auch auf ganz andere Weise gebraucht. Wenn du einen brauchst, der dich braucht, und wenn deine Familie sich – mit Recht – weigert, dich zu brauchen, dann ist ein Schoßtier der nächstliegende Ersatz. Du kannst es ein Leben lang in Abhängigkeit halten. Du kannst es infantil machen, zur Invalidität verkümmern lassen, von allem echten tierischen Wohlleben fernhalten und es dafür entschädigen, indem du Verlangen nach zahllosen kleinen Genüssen weckst, die nur du befriedigen kannst. Das unglückliche Geschöpf wird dadurch für den Rest der Familie sehr nützlich; es übernimmt die Rolle einer Senkgrube oder eines Abflussrohrs: du bist viel zu sehr damit beschäftigt, deinen Hund zu verwöhnen, um die anderen mit deinem Verwöhnen belästigen zu können. Hunde eigenen sich dafür besser als Katzen; ein Affe, sagte man mir, ist darin unübertrefflich. Und er ist uns noch dazu am ähnlichsten. Zugegeben, für das Tier ist das alles ein

Unglück. Aber wahrscheinlich ist ihm das Unrecht, das ihm widerfährt, nicht voll bewusst. Und wenn schon – du wirst es nie erfahren. Wenn man einen Menschen, und sei er noch so zertreten, zum Äußersten treibt, kann er sich eines Tages umdrehen und dir eine schreckliche Wahrheit an den Kopf knallen. Tiere können nicht reden.

Bessere Menschen? Neue Menschen!

Eine Welt von netten Menschen, zufrieden mit ihrer eigenen Nettigkeit, ohne weitere Ambitionen und abgewandt von Gott, braucht die Erlösung ebenso dringend wie eine elende, unglückliche Welt. Und wahrscheinlich ist sie schwerer zu erlösen.

Bloße Verbesserung ist noch lange keine Erlösung, obwohl Erlösung den Menschen immer besser werden lässt, schon hier und jetzt, und ihn am Ende bis zu einem Grad gebessert haben wird, den wir uns jetzt noch nicht vorstellen können. Gott wurde Mensch, um Kreaturen in Söhne zu verwandeln; nicht um bessere Menschen der alten Art hervorzubringen, sondern um eine neue Art von Mensch zu schaffen.

„Bruder Esel"

Es gibt drei Haltungen, die der Mensch seinem Leib gegenüber einnehmen kann. Da ist erstens jene der asketischen Heiden, die ihn als Gefängnis oder „Grab" der Seele bezeichnet haben, sowie mancher Christen, für die er nicht viel mehr als ein Sack voll Kot ist, Nahrung der Würmer, schmutzig beschämend, nichts als eine Quelle von Versuchungen für die Schlechten und von Demütigungen für die Guten. Ferner sind da die Neuheiden, die Nudisten und jene, die an „dunklen Göttern" leiden; für sie ist der Leib etwas Großartiges. Und drittens ist da noch die Ansicht des heiligen Franziskus; er nannte seinen Leib „Bruder Esel". Vielleicht lassen sich alle drei vertreten, das weiß ich nicht so genau; ich für meinen Teil halte es mit dem heiligen Franz.

„Esel" ist sehr treffend, denn kein vernünftiger Mensch kann einen Esel verehren oder hassen. Er ist ein nützliches, kräftiges, faules, widerspenstiges, geduldiges, liebenswertes und zur Wut reizendes Vieh, das bald den Stock und bald die Rübe verdient, auf rührende und groteske Weise schön. So auch der Leib. Wir kommen nicht zu Rande mit ihm, wenn wir nicht einsehen, dass es zu seiner Aufgabe gehört, in unserem Leben die Rolle des Hanswurstes zu spielen. Jeder Mann, jede Frau, jedes Kind – wir alle wissen das, wenn wir nicht durch irgendwelche Theorien verbildet sind. Die Tatsache, dass wir einen Leib haben, ist der älteste Witz der Welt. Eros verleitet uns manchmal (wie der Tod, die Aktzeichnung oder das Medizinstudium), ihn vollkommen Ernst zu nehmen. Der Irrtum beginnt dort, wo man meint, Eros müsse ihn stets ernst nehmen und den Witz für alle Zeiten ausschalten. Aber das Leben ist anders. Wir sehen es schon an den Gesichtern der glücklichen Liebenden, die wir kennen. Wenn ihre Liebe nicht sehr kurzlebig ist, empfinden Liebende im leiblichen Ausdruck des Eros immer wieder ein Element der Komik, des Spielens, ja sogar der Hanswursterei.

Wer liebt, muss leiden können

In Worten, die einem heute noch Tränen in die Augen treiben können, beschreibt Augustinus die Trostlosigkeit, in die ihn der Tod seines Freundes Nebridius gestürzt hat (Bekenntnisse IV 4ff). Dann zieht er daraus eine Moral. Das kommt davon, sagt er, wenn man das Herz an etwas anderes hängt als an Gott. Alle Menschen sind vergänglich. Hänge dein Glück nicht an etwas, was du verlieren kannst. Wenn Liebe ein Segen und nicht eine Qual sein soll, muss sie sich an den einzigen Geliebten halten, der nie vergehen wird.

Das ist natürlich höchst vernünftig. Bewahre deine Vorräte nicht in einem undichten Gefäß auf. Steck nicht zuviel Geld in ein Haus, das man dir kündigen kann. Und kein Mensch spricht leichter auf solch raffinierte Aufforderungen zur Vorsicht an als ich. Ich bin ein Geschöpf mit Frühwarnsystem. Von allen Argumenten gegen die Liebe macht meiner Natur keines stärkeren Eindruck als: „Aufgepasst! Daran könntest du noch zu leiden haben!“

Allerdings nur meiner Natur, meinem Temperament, nicht meinem Gewissen. Wenn ich jenem Impuls gehorche, scheine ich tausend Meilen von Christus entfernt. Wenn mir eines klar ist, dann dies: Seine Lehre war nie dazu bestimmt, mich in meiner angeborenen Vorliebe für sichere Anlagen und beschränkte Haftung zu bestärken. Ich zweifle, ob etwas in mir steckt, an dem er weniger Gefallen hat. Und ist es denkbar, dass jemand aus solch vorsichtigem Abwägen heraus Gott zu lieben beginnt – weil das sozusagen mehr Sicherheit bietet? Wer könnte das Sicherheitsbedürfnis je zu den Motiven für die Liebe zählen? Würden Sie eine Frau, einen Freund oder auch nur einen Hund in diesem Geist wählen? Man muss weit weg von jeder Liebe sein, wenn man so rechnet. Eros, der gesetzlose Eros, der den geliebten Menschen dem Glück vorzieht, ist der Liebe Gottes näher als diese Vorsicht.

Ich glaube, diese Stelle der „Bekenntnisse“ ist nicht so sehr ein Teil von Augustins Christentum, als ein Überbleibsel der hochgesinnten heidnischen Philosophien, in denen er aufwuchs. Sie steht der stoischen „Apathie“ oder dem neuplatonischen Mystizismus näher als der christlichen *Agape*. Wir folgen dem nach, der über Jerusalem und am Grab des Lazarus geweint hat, der zwar alle liebte, aber doch einen „Lieblingsjünger“ hatte. Paulus hat für uns mehr Autorität als Augustinus – Paulus verrät mit keiner Silbe, dass er nicht wie ein Mensch gelitten hat oder dass er dachte, er dürfe nicht leiden, wenn Epaphroditus gestorben wäre (Phil. 2, 27).

Selbst wenn wir der Meinung wären, dass Versicherungen gegen gebrochene Herzen unsere höchste Weisheit sind, – bietet Gott selbst sie an? Offenbar nicht. Die letzten Worte Christi waren: „Warum hast du mich verlassen?"

Es gibt keinen Ausweg nach der Manier des Augustinus. Und nach keiner andern Manier. Es gibt keine sichere Anlage. Lieben heißt verletzlich sein. Liebe irgend etwas, und es wird dir bestimmt zu Herzen gehen oder gar das Herz brechen. Wenn du ganz sicher sein willst, dass deinem Herzen nichts zustößt, dann darfst du es nie verschenken, nicht einmal an ein Tier. Umgib es sorgfältig mit Hobbys und kleinen Genüssen; meide alle Verwicklungen; verschließ es sicher im Schrein oder Sarg deiner Selbstsucht. Aber in diesem Schrein – sicher, dunkel, reglos, luftlos – verändert es sich. Es bricht nicht; es wird unzerbrechlich, undurchdringlich, unerlösbar. Die Alternative zum Leiden, oder wenigstens zum Wagnis des Leidens, ist die Verdammung. Es gibt nur einen Ort außer dem Himmel, wo wir von allen Gefahren und Wirrungen der Liebe vollkommen sicher sind: die Hölle.

...

Es bleibt aber doch wahr, dass jede natürliche Liebe maßlos werden kann. „Maßlos" heißt nicht „unvorsichtig". Auch nicht „zu groß". Es ist keine Frage der Quantität. Wahrscheinlich ist es unmöglich, einen Menschen „zu sehr" zu lieben. Wir lieben ihn vielleicht zu sehr *im Verhältnis* zu unserer Liebe zu Gott; aber nicht die Größe unserer Liebe zu den Menschen ist falsch, sondern die Kleinheit unserer Liebe zu Gott.

Tod

Einerseits ist der Tod ein Triumph Satans, die Strafe für den Fall und der letzte Feind. Christus vergoss Tränen am Grabe des Lazarus und schwitzte Blut in Gethsemane: Das wertvollste aller Leben, das *er* in sich trug, verabscheute dieses geradezu unanständige Strafmittel nicht weniger, sondern mehr als wir. Andererseits wird nur der sein Leben gewinnen, der es verliert. Wir sind in den *Tod* Christi getauft, und der ist das Heilmittel für den Sündenfall. Der Tod ist tatsächlich das, was mancher moderne Mensch „ambivalent" nennt. Er ist sowohl Satans mächtige Waffe als auch Gottes mächtige Waffe: Er ist heilig und unheilig; unsere äußerste Schande und unsere einzige Hoffnung; er ist das, was Christus zu besiegen kam und die Waffe, mit der er siegte.

GOTT

Gott erkennen

Wenn wir Gott erkennen wollen, geht die Initiative von ihm aus. Gibt er sich nicht zu erkennen, dann kann uns all unser Bemühen nicht helfen. Tatsächlich offenbart er sich sogar manchen in höherem Grad als anderen; nicht weil er Lieblinge hat, sondern weil es ihm unmöglich ist, sich einem Menschen zu offenbaren, dessen Geist und ganzes Wesen in einer falschen Verfassung sind; so wie das Sonnenlicht von einem staubigen Spiegel nicht so klar zurückgeworfen werden kann wie von einem blanken.

Man kann das auch auf andere Weise sagen. Während die Instrumente, die man in den anderen Wissenschaften braucht, unabhängig von der Person des Forschers sind, ist das Instrument, mit dem man Gott erkennt, das eigene Selbst. Ist dieses Selbst nicht hell und klar, wird ihm Gottes Bild verschwommen bleiben, wie der Mond, wenn man ihn durch ein schlecht geputztes Fernrohr betrachtet. Darum haben rohe Völker eine rohe Religion; sie haben Gott durch schlecht geputzte Linsen betrachtet.

Gott kann sich in seinem wahren Wesen nur wahren Menschen offenbaren. Und das sind nicht einfach Menschen, die persönlich gut sind, sondern Menschen, die wie ein Körper eine Gemeinschaft bilden in gegenseitiger Liebe, gegenseitiger Hilfe und die im Glauben an Gott verbunden sind. Denn so wollte Gott die Menschheit – wie die Spieler einer Kapelle oder die Glieder eines Leibes.

Das einzig wirkliche Instrument zur Erkenntnis Gottes ist deshalb die gesamte christliche Gemeinschaft, die auf sein Kommen wartet. Christliche Bruderschaft ist sozusagen die technische Ausrüstung dieser Wissenschaft, das Inventar des Laboratoriums. Darum vergeuden jene Leute nur ihre Zeit, die alle paar Jahre mit einer vereinfachten Patent-Religion nach eigenem Rezept auftauchen, um sie als Ersatz für die christliche Tradition anzubieten. Sie sind wie ein Mann, der nichts als einen alten Fernstecher besitzt und damit allen wirklichen Astronomen den Kopf zurechtsetzen will. Zwei Jahre später ist er in Vergessenheit geraten, aber die echte Wissenschaft geht weiter ihren Weg.

Wäre das Christentum ein Produkt unserer eigenen Fantasie, dann könnten wir es uns natürlich leichter machen. Aber es ist es nicht. Wir können es an Naivität und Einfachheit nicht mit den Leuten aufnehmen, die Religionen erfinden. Wie sollten wir auch? Wir haben es mit Tatsachen zu tun. Natürlich kann sich jeder, der sich nicht um Tatsachen zu kümmern braucht, nicht einfach und naiv geben.

Ist Gott die Liebe?

Alle möglichen Leute gefallen sich in der ständigen Wiederholung der christlichen Aussage: „Gott ist Liebe". Aber sie übersehen dabei, dass die Worte „Gott ist Liebe" keinen Sinn haben, wenn Gott nicht mindestens aus zwei Personen besteht.

Liebe ist ein Gefühl, das ein Mensch für einen anderen empfindet. Wäre Gott eine einzelne Person, dann wäre das Wort „Gott ist Liebe" vor der Erschaffung der Welt sinnlos gewesen. Natürlich verstehen jene Leute dieses Wort häufig ganz anders.

Sie meinen im Grunde: „Die Liebe ist Gott". Sie meinen, unsere Liebesgefühle, gleich welcher Art, welchen Ursprungs und mit welcher Auswirkung auch immer, müssten stets mit großem Respekt behandelt werden. Vielleicht müssen sie das auch, aber was die Christen meinen, wenn sie sagen „Gott ist Liebe", ist etwas völlig anderes. Sie glauben, dass die lebendige, dynamische Kraft der Liebe von Anbeginn in Gott war und alles andere erschaffen hat. Übrigens ist dies der wichtigste Unterschied zwischen dem Christentum und allen anderen Religionen. Der Gott des Christentums ist nichts Statisches, nicht einmal eine Person, sondern eine dynamisch pulsierende Kraft, ein Leben, fast so etwas wie ein Theaterstück oder, wenn man es nicht für Blasphemie hält, fast so etwas wie ein Tanz. Und die Einheit von Vater und Sohn ist etwas so Reales und Lebendiges, dass sie selbst auch wieder Person ist.

Er lässt sich nicht verdrießen

Im Großen und Ganzen ist die Liebe Gottes zu uns Menschen ein bedeutend einfacheres Thema als unsere Liebe zu ihm. Niemand kann ständig andächtige Gefühle hegen, und selbst wenn wir es könnten, es sind nicht die Gefühle, auf die Gott am meisten Wert legt. Christliche Liebe, zu Gott oder zu den Menschen, ist ein Akt des Willens. Wenn wir versuchen, Gottes Willen zu erfüllen, gehorchen wir dem Gebot „Du sollst Gott, deinen Herrn, lieben". Er wird uns Gefühle der Liebe geben, wenn es ihm gefällt. Wir können sie nicht selbst produzieren, und wir dürfen sie auch nicht fordern, als ob sie uns von Rechts wegen zustünden. Aber das Wunderbare ist: Auch wenn unsere Gefühle kommen und gehen, Gottes Liebe bleibt. Sie lässt sich weder von unseren Sünden noch von unserer Gleichgültigkeit ermüden. Und darum hält sie auch unbeweglich daran fest, dass wir von diesen Sünden geheilt werden müssen, ganz gleich, wie hoch der Preis sein mag, den er oder wir zu zahlen haben.

Gott ist Güte

Das Gute ist unerschaffen; es hätte nie anders sein können, als es ist; es hat in sich keinen Schatten der Zufälligkeit; es liegt, wie Plato sagt, jenseits der Existenz. Es ist das *Rita* der Hindus, durch das die Götter selbst göttlich sind, das *Tao* der Chinesen, von dem alle Wirklichkeiten ausgehen. Wir jedoch, die wir vor den weisesten Heiden bevorzugt sind, wissen: Was hinter allem Sein liegt, was keinen Schatten der Zufälligkeit enthalten kann, was allem anderen Göttlichkeit verleiht, was der Grund alles Seins ist, ist nicht bloß ein Gesetz, sondern auch eine zeugende und eine gezeugte Liebe und die Liebe, die, indem sie zwischen diesen beiden besteht, auch all denen innewohnt, die von ihr ergriffen worden sind, um am Einssein ihres selbst-verursachten Lebens teilzuhaben. Gott ist nicht bloß gut, sondern Güte; Güte ist nicht bloß göttlich, sondern Gott.

Kaum glauben wir, dass Gott uns liebt, sagt uns schon ein Impuls, dass Gott uns nicht etwa liebt, weil er Liebe ist, sondern weil wir in uns selbst liebenswert sind. Die Heiden folgen diesem Impuls ohne Scheu; ein guter Mensch war ein „Liebling der Götter", weil er gut war. Wir wissen es besser – und sinnen auf Ausflüchte. Wir meinen nicht, wir hätten Tugenden, um derentwillen Gott uns lieben könnte, bewahre! Aber wie wunderbar haben wir Buße getan! Wie Bunyan sagt, wo er von seiner ersten vermeintlichen Bekehrung schreibt: „Ich glaubte, es gebe in England keinen Menschen, der Gott besser gefallen hätte als ich." Sind wir in diesem Punkt entlarvt, so bieten wir Gott als nächstes unsere Demut zur Bewunderung an. Die wird ihm doch bestimmt gefallen. Oder wenigstens unser einsichtiges und demütiges Geständnis, dass es uns immer noch an Demut fehlt. Und so bleibt Schicht um Schicht der immer subtilere Gedanke hängen, dass wir – wir selbst! – liebenswert seien. Es ist leicht einzusehen, aber fast unmöglich, über längere Zeit das Bewusstsein zu bewahren, dass wir Spiegel sind, deren Glanz – wenn wir überhaupt glänzen – ganz von der Sonne stammt, die uns bescheint. Wir müssen doch bestimmt über ein bisschen – nur ein ganz kleines bisschen – eigene Leuchtkraft verfügen! Wir können doch nicht *nur* Geschöpfe sein.

An der Stelle dieses verworrenen, absurden Bedürfnisses oder gar einer bedürftigen Liebe, die ihre Bedürftigkeit nie ganz zugibt, setzt die Gnade das umfassende, kindliche und freudige Annehmen unserer Not, eine Freude an völliger Abhängigkeit. Wir werden zu „fröhlichen Bettlern“. Dem guten Menschen sind seine Sünden leid, die seine Bedürftigkeit vergrößert haben. Aber es ist ihm nicht ganz so leid, dass er dadurch aufs neue bedürftig geworden ist. Und dass in seiner geschöpflichen Struktur eine unschuldige Bedürftigkeit enthalten ist, ist ihm gar nicht leid. Denn immer ist es diese Illusion, an die sich unsere Natur klammert wie an den letzten Strohhalm, diese Täuschung, dass wir irgend etwas in uns selbst sind oder dass wir doch wenigstens das Gute, das Gott in uns hineinlegt, auch nur eine Stunde lang festhalten können – immer ist es diese Illusion, die uns vor unserem Glück steht. Wir sind wie Schwimmer, die mit den Füßen, wenigstens mit einem Fuß oder mit einer einzigen Zehe – am Boden bleiben wollen; würden wir diesen Halt loslassen, so könnten wir uns in die herrlichen Fluten hineinwerfen. Wenn wir den letzten Anspruch auf eigene Freiheit, Macht und Würde preisgeben können, erhalten wir wahre Freiheit, Macht und Würde, die uns auch wirklich gehören, weil Gott sie uns schenkt und weil wir wissen, dass sie uns (in einem andern Sinn) nicht „zustehen“.

Brutaler Dummkopf

Wenn ein „Brutaler Dummkopf“ die Welt schuf, dann hat er auch unseren Geist geschaffen. Wenn er unseren Geist geschaffen hat, dann hat er auch genau den Maßstab in ihm geschaffen, nach welchem wir ihn einen brutalen Dummkopf nennen. Wie können wir aber einem Maßstab trauen, dessen Ursprung so ein brutaler Dummkopf ist? Wenn wir ihn jedoch nicht anerkennen, dann müssen wir auch alle seine Werke verwerfen. Doch eins seiner Werke ist ja gerade der moralische Maßstab, nach dem wir ihn nicht anerkennen. Erkennen wir diesen Maßstab an, dann erkennen wir auch stillschweigend an, dass er kein brutaler Dummkopf ist. Verwerfen wir ihn, dann haben wir damit das einzige Instrument weggeworfen, das es uns möglich macht, ihn als brutalen Dummkopf zu verurteilen. Also widerspricht sich der heroische Atheismus bereits in seinem Kern. Wir müssen dem Universum in einem Punkt trauen, und wäre es nur, um es in allen übrigen verwerfen zu können.

Gott hat keine Geschichte

Es ist sicher eine zeitlose Wahrheit über Gott, dass die menschliche Natur und die menschlichen Erfahrungen von Schwäche, Unwissenheit und Schlaf auch irgendwie in seinem göttlichen Leben vorhanden sind. Dieses menschliche Leben in Gott ist aus unserer Sicht gesehen ein bestimmter Abschnitt der Weltgeschichte, der vom Jahre eins bis zur Kreuzigung dauerte. Wir meinen deshalb, es müsse auch in der Geschichte von Gottes eigener Existenz ein bestimmter Zeitabschnitt sein. Aber Gott hat keine Geschichte. ER besitzt eine zu vollkommene und ausschließliche Wirklichkeit.

Gott und Zeit

Wir neigen zu der Annahme, das ganze Universum und sogar Gott selbst bewegten sich ständig aus der Vergangenheit in die Zukunft, genau wie wir. Aber viele Gelehrte sind nicht dieser Ansicht. Die Theologen waren die ersten, die auf den Gedanken kamen, dass einige Dinge gar nicht in der Zeit sind. Später haben die Philosophen diesen Gedanken übernommen; und heute sind auch einige Naturwissenschaftler dieser Meinung.

Ziemlich sicher ist Gott nicht in der Zeit. Sein Leben besteht nicht aus aufeinander folgenden Augenblicken. Wenn heute Abend um halb elf eine Million Menschen zu ihm beten, braucht er ihnen nicht in dem einen kleinen Augenblick zuzuhören, den wir halb elf nennen. Halb elf – und jeder andere Augenblick seit dem Anfang der Welt – ist für ihn Gegenwart. Wir können es auch so sagen: Ihm steht die ganze Ewigkeit zur Verfügung, um das Stoßgebet zu hören, das ein Pilot im Bruchteil einer Sekunde betet, wenn seine Maschine brennend abstürzt.

Der übernatürliche Gott

Wenn alle Atome des Universums in eine gewisse Beziehung zueinander träten – (was früher oder später geschehen müsste), würden sie einer universalen Bewusstheit zur Entstehung verhelfen. Und dies könnte Denkvermögen besitzen. Und sie könnte verursachen, dass ihre Gedanken unseren Geist durchdringen. Aber leider wären unter dieser Voraussetzung ihre Gedanken das Produkt irrationaler Ursachen und wären deshalb nach unserer tagtäglich benutzten Regel nicht folgerichtig. Dieser kosmische Geist wäre gleich unserem Geist das Produkt einer geistlosen Natur. Wir haben die Schwierigkeit also nicht überwunden, wir haben sie nur um eine Stufe zurückverlagert. Der kosmische Geist hilft uns nur dann, wenn wir ihn an den Anfang stellen, wenn wir in ihm nicht das Produkt des Totalsystems vermuten, sondern ihn als die grundlegende, ursprüngliche, selbstexistente Tatsache ansehen, die aus sich selbst heraus existiert. Aber eine *solche* Art von kosmischem Geist zuzugestehen, bedeutet einen Gott zuzugestehen, einen transzendenten und übernatürlichen Gott.

Gott im Weltall

Wenn wir erwarten, Gott durch die Astronautik zu finden, so ist das tatsächlich nicht viel anders, als wenn die Leute damals versucht hätten, die Göttlichkeit Christi zu beweisen oder zu widerlegen, indem sie Blutproben gemacht oder ihn seziert hätten. Und auf ihre Weise haben sie beides getan. Aber sie waren danach nicht klüger als zuvor. Was es braucht, ist ein bestimmtes Erkenntnisvermögen. Es ist doch klar, dass einer, der Gott überhaupt nicht kennt, ihn weder in Jesus noch im Weltall wiedererkennen kann.

Gott – oder den Himmel – zu suchen, indem man den Weltraum erforscht, ist, als läse oder sähe man alle Shakespearedramen und hoffte, Shakespeare darin als eine der Figuren oder Stratford als Schauplatz zu finden. Shakespeare ist in gewissem Sinne in jedem seiner Stücke jeden Augenblick da. Doch er ist niemals auf die selbe Art da wie Falstaff oder Lady Macbeth; noch ist er diffus im ganzen Stück verbreitet wie ein Gas. Wenn es einen Idioten gäbe, der dächte, Theaterstücke seien von selbst da, ohne Autor (nicht zu reden von den Schauspielern, dem Regisseur, dem Theaterdirektor, den Bühnenarbeitern und was sonst noch alles), so könnte seine durchaus wahre Aussage, er hätte alle Stücke studiert und in keinem von ihnen Shakespeare gefunden, unserem Glauben an Shakespeare nicht viel anhaben. Wir andern haben Shakespeare – je nach Wahrnehmungsvermögen in verschieden hohem Maß – in den Stücken „gefunden". Doch das war ein ganz anderes Finden als das, was unser armer Freund sich vorstellt. Selbst er ist in Wirklichkeit auf irgendeine Art von Shakespeare berührt worden, nur hat er es nicht gemerkt. Ihm fehlte die zu seiner Erkennung nötige Apparatur.

Nun ist das natürlich nur eine Analogie. Ich will durchaus nicht sagen, dass die Existenz Gottes so leicht zu beweisen wäre wie die Existenz Shakespeares. Was ich sagen will, ist, dass Gottes Beziehung zum Universum (wenn es ihn gibt) eher der eines Autors zu seinem Stück gleicht als der eines Objekts im Universum zu einem anderen.

Wenn Gott das Universum geschaffen hat, dann hat er auch das Raum-Zeit-Kontinuum geschaffen, das für das Universum ist, was das Versmaß für ein Gedicht oder der Notenschlüssel für die Musik. Nach Ihm zu suchen als nach einem Bestandteil des Kunstwerks, das Er selbst erdacht hat, ist Unsinn. Wenn es Gott – so einen Gott, wie ihn jede ernstzunehmende Religion glaubt – gibt, dann wird eine bloße Bewegung im Weltraum Sie kein bisschen näher zu ihm hin- oder weiter von ihm wegbringen, als Sie es in diesem Augenblick sind. Sie können ihn weder erreichen noch ihm entrinnen, und wenn Sie zum Alpha Centauri oder gar zu anderen Galaxien reisen. Ein Fisch ist, wenn er tausend Meilen weit geschwommen ist, nicht mehr und nicht weniger im Meer, als er es schon vorher war.

Gottesvorstellungen

Ich bin gebeten worden zu erklären, was die Christen glauben, und ich will mit dem Hinweis beginnen, dass sie eines nicht zu glauben brauchen. Als Christ braucht man nicht zu glauben, alle anderen Religionen seien durch und durch falsch. Ein Atheist muss davon ausgehen, dass alle Religionen dieser Welt in ihrem Kern ein einziger großer Irrtum sind. Dem Christen steht es frei zu glauben, dass selbst die abstrusesten Religionen zumindest ein Körnchen Wahrheit enthalten. Solange ich Atheist war, musste ich mir immer einreden, der größte Teil der Menschheit habe sich in der für ihn wichtigsten Frage ständig im Irrtum befunden. Doch als ich Christ wurde, konnte ich die Dinge großzügiger betrachten.

Allerdings wird der Christ in den Punkten, in denen das Christentum sich von den anderen Religionen unterscheidet, natürlich die christliche Auffassung für richtig halten. Es gibt hier wie in der Mathematik nur eine richtige Antwort auf eine Frage; alle anderen Antworten sind falsch. Aber wie in der Mathematik können auch hier manche verkehrten Antworten näher am richtigen Ergebnis liegen als andere, die vielleicht schon vom Ansatz her verkehrt sind.

Wir wollen die Menschen zunächst in zwei Gruppen einteilen. Davon glaubt die größere an irgendeine Art von Gott oder Göttern, die kleinere dagegen nicht. Das Christentum gehört hier zur größeren Gruppe. Es steht in einer Reihe mit den alten Griechen und Römern, den primitiven Völkern, den Stoikern, Platonikern, Hindus, Mohammedanern usw. und befindet sich im Gegensatz zum modernen westlichen Materialismus.

Nun gehen wir einen Schritt weiter. Die Menschen, die an Gott glauben, lassen sich wiederum in zwei Gruppen teilen, entsprechend ihrer Gottesvorstellung. Diese Vorstellungen sind sehr unterschiedlich. Nach der einen befindet sich Gott jenseits von Gut und Böse. Wir Menschen nennen ein Ding gut und ein anderes schlecht. Nach Ansicht mancher Leute ist das aber ein rein menschlicher Gesichtspunkt. Sie würden sagen, je mehr Erkenntnis der Mensch gewinnt, desto weniger ist er geneigt, irgend etwas als gut oder böse zu bezeichnen, umso klarer aber sieht er, dass alles in gewisser Hinsicht gut und in anderer Hinsicht schlecht und dass daran nichts zu ändern ist. Deshalb schließen diese Leute, dass die Unterscheidung zwischen Gut und Böse lange bevor man sich der göttlichen Sicht auch nur angenähert hat, bereits aufgehört hat zu existieren. Wir nennen den Krebs böse, so würden sie sagen, weil er tödlich ist. Aber ebenso gut könnte man einen erfolgreichen Chirurgen böse nennen, weil er den Krebs tötet. Alles hängt davon ab, aus welcher Perspektive man die Dinge betrachtet. Im Gegensatz dazu behauptet die andere Gruppe, Gott sei ganz eindeutig „gut" oder „gerecht"; er sei ein Gott, der Partei ergreift, der Liebe liebt und Hass hasst und der von uns erwartet, dass wir uns in einer ganz bestimmten Weise verhalten.

Die erste dieser Vorstellungen, die Gott jenseits von Gut und Böse glaubt, nennt man Pantheismus. Der große deutsche Philosoph Hegel bekannte sich zu ihm, und soweit ich es beurteilen kann, tun es auch die Hindus. Die andere Anschauung wird von den Juden, Mohammedanern und von den Christen vertreten.

Im Zusammenhang mit diesen grundlegenden Untersuchungen zwischen Pantheismus und christlicher Gottesidee begegnet uns noch eine Verschiedenheit. Die Pantheisten glauben, Gott beseele sozusagen die Natur wie die menschliche Seele den Leib; ja, die Natur sei gewissermaßen Gott, und wenn es sie nicht gäbe, dann existierte auch Gott nicht; alles, was sich in dieser Welt fände, sei ein Teil von Gott.

Die christliche Vorstellung ist ganz anders. Die Christen glauben, dass Gott die Welt erdachte und schuf, wie ein Künstler ein Bild erschafft oder eine Melodie komponiert. Ein Maler ist kein Bild, und er stirbt nicht, wenn sein Bild vernichtet wird. Man kann zwar sagen, er habe viel von sich in das Bild hineingelegt, aber das bedeutet nur, dass aller Zauber und alle Schönheit des Bildes aus seinem Inneren gekommen sind. Seine Geschicklichkeit ist nicht so sehr in dem Bild selbst zu finden als vielmehr in seinem Kopf und vor allem in seinen Händen. Ich denke, es ist klar, wie eng diese Vorstellung mit dem oben erwähnten Unterschied zwischen Pantheismus und Christentum zusammenhängt. Wer den Unterschied zwischen Gut und Böse nicht sehr ernst nimmt, kann leicht sagen, alles auf dieser Welt sei ein Teil von Gott. Wer aber manche Dinge für wirklich schlecht hält, Gott dagegen für wirklich gut, muss anderer Meinung sein. Er muss glauben, dass Gott von der Welt zu unterscheiden ist und vieles in dieser Welt seinem Willen widerspricht.

Stellt man einen Pantheisten vor einen Krebskranken oder in ein Elendsviertel, so sagt er unter Umständen: „Wenn Sie das nur aus der göttlichen Perspektive sehen könnten, so würden Sie begreifen, auch dies ist Gott." Worauf ihm der Christ antwortet: „Reden Sie keinen solch verdammten[1] Unsinn!" Denn das Christentum ist eine kämpferische Reli-

[1] Ein Hörer dieses Vortrags beschwerte sich über das Wort „verdammt". Doch ich meine hier genau das, was ich sage. „Verdammter Unsinn", das ist Unsinn, der unter dem Fluch Gottes steht und all jene, die ihn glauben, in den eigenen Tod führen wird (wenn Gottes Gnade nicht eingreift).

gion. Es glaubt, dass Gott die Welt erschaffen hat, dass Raum und Zeit, Hitze und Kälte, alle Farben und Düfte, alle Tiere und Pflanzen Dinge sind, die Gott „aus seinem Geist schuf", so wie ein Künstler ein Kunstwerk schafft. Es glaubt aber auch, dass sich vieles in dieser von Gott erschaffenen Welt falsch entwickelt hat und dass Gott darauf besteht, und zwar mit Nachdruck darauf besteht, dass diese Dinge wieder in Ordnung gebracht werden.

Das stellt uns natürlich vor ein großes Problem. Wenn ein guter Gott die Welt geschaffen hat, warum konnten sich die Dinge dann falsch entwickeln? Jahrelang wollte ich von der christlichen Antwort auf diese Frage nichts wissen, weil ich dabei immer das Gefühl hatte: „Egal, was da gesagt wird und wie gescheit die Argumente sind, ist es nicht viel einfacher, davon auszugehen, dass die Welt nicht das Werk einer intelligenten Kraft ist? Diese Argumente sind doch nichts anderes als ein umständlicher Versuch, dem Offensichtlichen auszuweichen. Doch damit geriet ich in eine andere Schwierigkeit.

Mein Argument gegen die Existenz Gottes lautete, die Welt sei grausam und ungerecht. Woher aber hatte ich meine Vorstellung von gerecht und ungerecht? Man kann eine Linie dann als krumm bezeichnen, wenn man weiß, was gerade Linien sind. Womit verglich ich diese Welt, wenn ich sie ungerecht nannte? Wieso konnte ich, der ich doch Mitakteur war, so heftig reagieren, wenn das ganze Theater, das wir Welt nennen, ohnehin von A bis Z schlecht und sinnlos war? Ein Mensch fühlt sich nass, wenn er ins Wasser fällt, weil er kein Meerestier ist; ein Fisch empfindet das anders.

Natürlich hätte ich sagen können, meine Vorstellung von Gerechtigkeit sei lediglich meine eigene, private Idee, aber dann hätte ich sie praktisch aufgegeben. Dann wäre auch mein Argument gegen Gott in sich zusammengefallen, denn es beruhte darauf, dass die Welt tatsächlich ungerecht ist, und nicht darauf, dass sie nicht meinen Vorstellungen entspricht. Gerade als ich dabei war zu beweisen, dass es Gott nicht gibt, mit anderen Worten, dass die Welt von Grund auf sinnlos ist –, sah ich mich gezwungen, einen Teil der Wirklichkeit – nämlich meine Vorstellung von Gerechtigkeit – als sehr sinnvoll gelten zu lassen.

Damit aber erweist sich der Atheismus als zu einfach. Denn wenn die ganze Welt tatsächlich ohne Sinn wäre, dann hätten wir selbst gar keine Möglichkeit, dies zu begreifen. Gäbe es kein Licht in dieser Welt und dann auch keine Lebewesen mit Augen, um das Licht zu sehen, wir würden niemals wissen, dass es dunkel ist. Dunkel wäre ein Wort ohne Bedeutung.

Die alten Bilder

Wenn wir betonen, dass der Inhalt des christlichen Glaubens nicht gleichzusetzen sei mit den geistigen Bildern der Christen, antworten uns einige Leute: „Wäre es dann nicht besser, sich gänzlich von diesen Bildern und der sie mitverursachenden Sprache zu befreien?“ Das aber ist unmöglich. Wer solches empfiehlt, hat nicht bemerkt, dass er mit dem Versuch, sich von den menschlichen – oder wie er sie nennt –, anthropomorphen Bildern zu befreien, nur eines erreicht, nämlich dass er die alten Bilder durch irgendwelche neue ersetzt. „Ich glaube nicht an einen persönlichen Gott“, sagt der eine, „aber ich glaube an eine große geistige Kraft.“ Dabei übersieht er, dass das Wort „Kraft“ alle möglichen Vorstellungen von Winden und Gezeiten, von Elektrizität und Gravitation aufkommen lässt. „Ich glaube nicht an einen persönlichen Gott“, sagt der andere, „aber ich glaube, dass wir alle Teile eines großen Wesens sind, das durch uns wirkt und sich durch uns bewegt“ – und übersieht dabei, dass er lediglich das Bild vom väterlichen und königlich aussehenden Mann durch das Bild von einer sich weit ausdehnenden Gaswolke oder Flüssigkeit ersetzt hat. Ein mir bekanntes Mädchen war durch ihre „höher denkenden“ Eltern dazu erzogen worden, Gott als eine vollkommene „Substanz“ zu betrachten. In späteren Jahren wurde ihr bewusst, dass dies sie tatsächlich dazu veranlasst hatte, sich unter Gott so eine Art riesigen Griespudding vorzustellen. (Wobei sie zu allem Überfluss Griespudding nicht mochte.) Vielleicht meinen wir gegen ein solches Ausmaß an Unsinnigkeit gefeit zu sein, doch da täuschen wir uns. Wer sich selbst und seine Denkprozesse beobachtet, wird – so glaube ich – entdecken, wie das, was er für eine besonders fortschrittliche oder philosophische Gottesvorstellung hält, in seinem Denken stets von vagen Bildern begleitet wird, die bei näherer Betrachtung noch abwegiger sind als die anthropomorphen Bilder der christlichen Theologie.

...

Die christlichen Lehrgrundsätze und sogar die jüdischen, die ihnen vorausgingen, sind stets Aussagen über eine geistige Wirklichkeit und nicht Proben einer primitiven physikalischen Wissenschaft gewesen. Jegliches Positive an der Vorstellung vom Geistigen ist stets in ihnen enthalten gewesen: lediglich sein negativer Aspekt (das Immaterielle) musste solange auf die Anerkennung warten, bis das abstrakte Denken voll entwickelt war. Die gegenständliche Darstellung ist noch von niemandem wörtlich genommen worden, der das Stadium erreicht hatte, in dem er verstehen konnte, was „wörtlich nehmen" bedeutet. Und damit kommen wir zum Unterschied zwischen „erklären" und „wegerklären". Er zeigt sich auf zweierlei Weise:

1. Wenn Leute sagen, etwas sei „metaphorisch" gemeint, schließen sie manchmal daraus, dass es eigentlich *gar nicht* gemeint sei. Sie glauben ganz richtig, dass Christus metaphorisch gesprochen hat, als er uns aufforderte, das Kreuz zu tragen: Sie schließen aber falsch, wenn sie meinen, das Kreuz zu tragen bedeute nichts anderes, als ein anständiges Leben zu führen und hin und wieder für wohltätige Zwecke zu spenden. Sie meinen ganz richtig, dass das höllische „Feuer" eine Metapher sei – und kommen zu dem unklugen Schluss, dass damit nichts Schlimmeres als Gewissensbisse gemeint seien. Sie sagen, dass die Geschichte vom Sündenfall nicht wörtlich zu nehmen sei, und fahren dann fort (ich habe es selbst gehört), dass er in Wirklichkeit ein Fall nach oben gewesen sei – was dasselbe ist, wie wenn man sagte: „Da die Redensart ‚mein Herz ist gebrochen' eine Metapher enthält, bedeutet sie ‚ich bin sehr fröhlich'." Diese Interpretationsweise betrachte ich offengestanden als Unsinn. Für mich sind die

„metaphorischen“ christlichen Aussagen – oder die mit zunehmendem abstrakten Denken metaphorisch gewordenen – nach der Abschaffung der alten Bilder noch genauso „übernatürlich“ oder erschütternd, wie sie es vorher gewesen sind. Sie bedeuten, dass es zusätzlich zu dem physikalischen oder psychisch-physikalischen Universum, das der Wissenschaft bekannt ist, noch eine nicht-geschaffene und nicht-bedingte Wirklichkeit gibt, die die Existenz des Universums verursacht; sie bedeuten, dass diese Wirklichkeit eine bestimmte Struktur oder Konstitution besitzt, die in der Lehre von der Dreieinigkeit, wenn auch durchaus nicht vollständig, so doch zweckmäßig dargestellt ist; und die bedeuten, dass diese Wirklichkeit zu einem bestimmten Zeitpunkt in das uns bekannte Universum eintrat, indem sie eines von dessen Geschöpfen wurde und auf historischer Ebene Wirkungen erzeugte, die der normale Ablauf des natürlichen Universums nicht erzeugt; und sie bedeuten, dass dies eine Veränderung in unserer Beziehung zu der nicht-bedingten Wirklichkeit herbeigeführt hat. Dabei fällt auf, dass unser farbloses „in das Universum eintrat“ um nichts weniger metaphorisch ist, als das bildhaftere „kam vom Himmel herab“. Wir haben lediglich das Bild einer vertikalen Bewegung durch das Bild einer horizontalen oder nicht näher bezeichneten Bewegung ersetzt. Und jeder Versuch, die alte Sprache zu verbessern, wird das gleiche Ergebnis zeigen. Es ist nicht nur unmöglich, diese Dinge ohne Metapher zu formulieren, sie können ohne sie noch nicht einmal zur Diskussion gestellt werden. Wir können unsere Sprache wohl veröden, aber wir können sie nicht wörtlicher machen.

2. Die gemachten Aussagen betreffen zweierlei – die übernatürliche, nichtbedingte Wirklichkeit und jene Ereignisse auf historischer Ebene, die ihr Eindringen in das natürliche Universum bewirkt haben soll. Das Erste ist mit der „wörtlichen" Sprache nicht zu beschreiben, und deshalb deuten wir zu Recht alles, was darüber gesagt wird, als metaphorisch. Das Zweite ist jedoch völlig anders gelagert. Ereignisse auf historischer Ebene sind die Dinge, über die wir wörtlich sprechen können. Falls sie geschehen sind, wurden sie mit den Sinnen der Menschen wahrgenommen. Sobald wir auf diese Ereignisse die metaphorische Deutung anwenden, die wir zu Recht auf die Aussagen über Gott angewendet haben, wird legitimes Erklären zu einem wirren oder unehrlichen Weg-Erklären. Die Aussage, dass Gott einen Sohn habe, sollte niemals bedeuten, dass er ein Wesen sei, das sich durch Geschlechtsverkehr fortpflanzt und vermehrt: Darum verändern wir nichts am christlichen Glauben, wenn wir klarstellen, dass das Wort „Sohnschaft" in Verbindung mit Christus nicht genau dieselbe Bedeutung hat wie in Verbindung mit den Menschen. Aber die Behauptung, Jesus habe Wasser in Wein verwandelt, ist vollkommen wörtlich gemeint, denn sie bezieht sich auf ein Ereignis, das, wenn es geschehen ist, sehr wohl im Bereich unserer sinnlichen Wahrnehmung und unserer Sprache lag. Wenn ich sage: „Mein Herz ist gebrochen", weiß der andere sehr genau, dass ich damit nicht etwas meine, das man durch eine Obduktion bestätigen könnte. Aber wenn ich sage: „Mein Schuhriemen ist zerrissen", und ein Blick darauf sagt dem andern, dass er noch ganz ist, habe ich entweder gelogen oder mich

geirrt. Die Berichte über die „Wunder“ in Palästina des ersten Jahrhunderts sind entweder Lügen oder Legenden oder aber Geschichte. Und wenn sie alle, oder die wichtigsten, Lügen oder Legenden sind, dann ist der Anspruch, den der christliche Glaube während der letzten zweitausend Jahre erhoben hat, schlicht und einfach falsch. Freilich könnte er trotzdem edle Gefühle und moralische Wahrheiten enthalten. Das tut die griechische Mythologie auch, und die nordische ebenso. Aber das ist eine völlig andere Sache.

Christus – gezeugt, nicht geschaffen

In einem Glaubensbekenntnis heißt es: Christus ist Gottes Sohn, „gezeugt, nicht geschaffen“, und weiter: „geboren aus seinem Vater vor aller Zeit“. Und wollen wir bitte ganz genau darauf achten: Dies hat nichts mit der Tatsache zu tun, dass Christus bei seiner Geburt in Bethlehem als Sohn einer Jungfrau geboren wurde. Es geht hier nicht um die Jungfrauengeburt. Es geht um etwas, das sich vor der Erschaffung der Welt und vor Beginn der Zeit ereignet hat: „Vor aller Zeit ist Christus gezeugt, nicht geschaffen.“ Was bedeutet das?

„Zeugen“ heißt, Vater eines Lebewesens werden; „schaffen oder erschaffen“ heißt „machen“. Das ist der Unterschied: Der Zeugende erzeugt ein Wesen seiner eigenen Art – ein Mensch zeugt Menschen, ein Biber kleine Biber, ein Vogel Eier, aus denen kleine Vögel schlüpfen. Wer dagegen etwas macht, bringt etwas hervor, was sich von seiner eigenen Art unterscheidet. Der Vogel macht ein Nest, der Biber baut Dämme, der Mensch ein Rundfunkgerät. Oder er stellt etwas her, was ihm ähnlicher ist als ein Rundfunkgerät, etwa eine Statue. Wenn er ein geschickter Holzschnitzer ist, schnitzt er vielleicht eine Figur, die wirklich große Ähnlichkeit mit einem Menschen hat. Aber sie ist natürlich kein Mensch, sie sieht nur so aus. Sie kann weder atmen oder denken, noch ist sie lebendig.

Das muss uns klar werden. Was Gott zeugt, ist Gott; wie Mensch *ist*, was der Mensch zeugt. Was Gott erschafft, ist nicht Gott, wie auch das von Menschenhand Geschaffene nicht Mensch ist. Daher sind Menschen nicht Kinder Gottes in dem Sinn, wie Christus Gottes Sohn ist. Sie mögen in gewisser Hinsicht Gott ähnlich sein, aber sie sind nicht Wesen von derselben Art. Sie sind eher Skulpturen oder Bilder von Gott. Eine Skulptur hat menschliche Gestalt, aber sie hat kein Leben. In gleicher Weise ist der Mensch zwar Gestalt oder Abbild Gottes, aber sein Leben ist nicht von der Art Gottes.

Wir wollen uns zuerst mit der Gottähnlichkeit des Menschen beschäftigen. Alles, was Gott erschaffen hat, besitzt eine gewisse Ähnlichkeit mit ihm. Der Weltraum gleicht ihm in seiner Größe; nicht als ob die Größe des Raumes mit der Größe Gottes identisch wäre, aber sie ist gewissermaßen ein Symbol dafür oder eine Übersetzung der Größe Gottes in nicht-geistige Begriffe. Materie ist Gott ähnlich, weil sie Kraft besitzt, wenngleich natürlich physische Kraft verschieden ist von der Macht Gottes. Die pflanzliche Welt ist Gott ähnlich, weil sie Leben hat und er „der lebendige Gott" ist. Aber Leben in diesem biologischen Sinn ist nicht mit dem Leben, das in Gott ist, gleichzusetzen. Es ist nur ein Symbol oder Schatten davon. In der Tierwelt finden sich – über die pflanzliche Welt hinaus – weitere Merkmale einer Ähnlichkeit. Die intensive Tätigkeit und Fruchtbarkeit der Insekten beispielsweise gibt uns eine erste schwache Ahnung von der unablässigen Tätigkeit und Schöpferkraft Gottes. Bei den höheren Säugetieren finden wir erste Ansätze einer instinktiven Zuneigung. Sie ist noch nicht dasselbe wie die Liebe, die in Gott ist; aber sie ist ihr doch ähnlich – etwa so, wie ein Bild auf einem flachen Blatt Papier dennoch „wie" eine Landschaft sein kann. Und kommen wir zum Menschen, dem höchstentwickelten Lebewesen, so finden wir die vollkommenste Gottähnlichkeit von der wir wissen. (Auf anderen Welten mögen Wesen existieren, die Gott noch ähnlicher sind, aber darüber wissen wir nichts.) Der Mensch lebt nicht nur, sondern er liebt und denkt; in ihm erreicht das biologische Leben die höchste uns bekannte Stufe.

Was dem Menschen in seiner natürlichen Existenz aber versagt bleibt, ist das geistliche Leben, jenes höhere und andere Leben, das in Gott ist.

Für beides haben wir nur das Wort „Leben". Wollte man allerdings beides für dasselbe halten, so wäre das ebenso falsch, wie die Größe des Raumes mit Gottes Größe gleichzusetzen. Der Unterschied zwischen biologischem und geistlichem Leben ist so groß, dass ich beiden unterschiedliche Namen geben werde.

Unser biologisches Leben, das wir von der Natur haben und das (wie alles in der Natur) ständig im

Vergehen und im Verfall begriffen ist, so dass es nur erhalten werden kann, wenn es von der Natur durch Luft, Wasser, Speise usw. genährt wird, nenne ich „bios". Das geistliche Leben, welches seit Ewigkeit in Gott ist und die ganze Welt der Natur erschuf, nenne ich „zoe". Sicher hat der „bios" eine gewissen schattenhafte oder symbolische Ähnlichkeit mit der „zoe": aber nur die Art von Ähnlichkeit, die zwischen einer Fotografie und dem fotografierten Gegenstand oder zwischen einer Skulptur und einem Menschen besteht. Ein Mensch, der vom „bios" zur „zoe" käme, hätte eine ebenso große Wandlung erlebt wie eine Statue, die aus einem behauenen Stein zu einem lebendigen Menschen würde.

Und genau darum geht es beim Christentum. Diese Welt ist eine große Bildhauerwerkstatt. Wir sind die Statuen, und es geht das Gerücht in der Werkstatt um, dass einige von uns eines Tages zum Leben erwachen werden.

Vater und Sohn

Die Christen glauben, dass Jesus Christus der Sohn Gottes ist, weil er es gesagt hat. Nach allem, was man sonst noch von ihm weiß, sind sie überzeugt, dass er weder geistesgestört noch ein Scharlatan war. Nun kann aber diese Aussage selbstverständlich nicht bedeuten, dass er zu Gott genau die gleiche körperliche und zeitliche Beziehung hatte, wie sie in der Tierwelt zwischen einem Nachkommen und dem männlichen Elternteil besteht. Also ist „Sohn" eine dichterische Formulierung. Und diese Ausdrucksweise ist hier notwendig, weil die Realität, von der Christus sprach, außerhalb unserer Erfahrung liegt. Und auch hier weichen Glaube und Theologie in ihrem Verhalten wieder voneinander ab. Der Theologe wird von einer „Analogie“ reden und unsere Aufmerksamkeit im selben Augenblick vom subtilen und einfühlsamen Ausloten von Fantasie und Gefühl, mit denen die Dichtung arbeitet, weglenken auf die eindeutigen, aber plumpen Analogien des Hörsaals. Er wird sogar erklären, in welcher Hinsicht die Vater-Sohn-Beziehung *nicht* analog zur materiellen Wirklichkeit ist, in der Hoffnung, durch Elimination bis zu den Bereichen vorzudringen, in denen sie es ist. Vielleicht fügt er auch noch andere, eigene Analogien hinzu – die Lampe und das Licht, das von ihr ausgeht, oder dergleichen. Für bestimmte Zwecke ist das sicher angebracht oder sogar unumgänglich. Aber es ist irgendwie tot. Die Aussage: „Jesus Christus ist Gottes Sohn“ kann in der Form „Zwischen Jesus und Gott besteht eine asymmetrische gegenseitige harmonische Beziehung mit der Besonderheit, dass einer im andern ist“ nicht voll wiedergegeben werden. Der Glaube macht es anders. Ein Mann, der sowohl ein guter Sohn als auch ein guter Vater ist und der sich durch sein Nachsinnen über die göttliche Vater- und Sohnschaft ständig aufgerufen fühlt, ein noch besserer Sohn und ein noch besserer Vater zu werden, und der so schließlich dahin kommt, die göttliche Beziehung zur Norm zu machen, an der gemessen sein eigenes menschliches Sohn- und Vatersein immer noch ein bloßes Bild ist, erfasst die Offenbarung am besten. Es wäre müßig, so einem Mann zu erzählen, dass die Wendung „… ist Gottes Sohn“ uns sagt (was beinah null und nichts ist), dass ein unbekanntes X in einer unbekannten Hinsicht „wie“ eine Vater-Sohn-Beziehung sei. Er ist der Wahrheit den halben Weg entgegengegangen. Er hat seine Information bekommen; und soweit ich beurteilen kann, auf die einzig mögliche Weise.

Mit Ihm beginnt das neue Leben

Christus hat die vollkommene Unterwerfung und Demütigung auf sich genommen: vollkommen, weil er Gott war, Unterwerfung und Demütigung, weil er Mensch war. Der Christ glaubt nun, dass er, wenn er irgendwie an der Demut und dem Leiden Christi teilhat, auch an Jesu Sieg über den Tod teilhaben und nach seinem eigenen Tod ein neues Leben finden wird, in dem er selbst vollkommen und vollkommen glücklich sein kann. Das ist unendlich viel mehr, als wenn wir nur versuchen, Jesu Lehren zu befolgen.

Oft fragen die Menschen, wann der nächste Schritt in der Entwicklungsgeschichte – der Schritt über den Menschen hinaus – geschehen wird. Aber nach christlichem Verständnis ist dieser Schritt bereits getan. In Christus erschien eine neue Art von Mensch; und das neue Leben, das in ihm begann, soll in uns hineingelegt werden.

VON LIEBE
UND
FREUNDSCHAFT

Jeder Christ wird bestätigen, dass die geistliche Gesundheit eines Menschen direkt abhängig ist von seiner Liebe zu Gott. Aber die Liebe des Menschen zu Gott ist ihrem Wesen nach größtenteils und oft ausschließlich bedürftige Liebe. Das ist offensichtlich, wenn wir um Vergebung unserer Sünden oder um Beistand in unseren Nöten bitten. Noch deutlicher wird es auf lange Sicht in unserem – hoffentlich – wachsenden Bewusstsein, dass unser ganzes Wesen von Natur aus eine einzige große Bedürftigkeit ist: unvollständig, vorläufig, leer und doch vollgestopft, ein einziger Notschrei zu dem, der die verwirrten Fäden lösen kann und wieder ordnet, was uns entglitten ist.

Ich will nicht behaupten, der Mensch könne Gott überhaupt nur bedürftige Liebe entgegenbringen. Erhabene Seelen wissen vielleicht von Schritten darüber hinaus zu berichten. Aber sie wären wohl auch die ersten, die uns vor der Gefahr solcher Höhenflüge warnen würden: Sie hören auf, wahre Gnade zu sein, und werden zur neoplatonischen oder gar teuflischen Illusion, wenn ein Mensch meint, er könne in diesen Höhen leben und habe nichts mehr nötig. „Das Höchste steht nicht ohne das Niedrigste“, sagt Thomas von Kempis in seinem berühmten Buch „Nachfolge Christi“. Nur ein dummdreistes Geschöpf könnte sich vor seinen Schöpfer hinstellen mit den prahlerischen Worten: „Ich bin kein Bettler. Ich liebe dich selbstlos.“ Wer der schenkenden Liebe Gottes am nächsten kommt, wird sich im nächsten Augenblick oder gar im selben Moment wie der Zöllner an die Brust schlagen und dem einzigen wahren Geber seine Armseligkeit bekennen. Und so will es Gott haben. Er wendet sich an unsere bedürftige Liebe: „Kommt zu mir alle, die ihr mühselig und beladen seid", oder im Alten Testament: „Tue weit deinen Mund auf, so will ich ihn füllen."

Eine Form der bedürftigen Liebe – die größte von allen – ist also identisch mit dem höchsten, gesündesten, realistischsten Zustand, den ein Mensch, geistlich gesehen, erreichen kann; das heißt, die bedürftige Liebe ist zumindest ein Hauptfaktor dieses Zustandes. Daraus ergibt sich eine sehr seltsame Folgerung. Der Mensch kommt Gott am nächsten, wenn er Gott in einem gewissen Sinn am wenigsten gleicht. Denn was hat weniger gemeinsam als Fülle und Not, Herrschaft und Demut, Gerechtigkeit und Buße, schrankenlose Macht und ein Hilferuf? Dieser scheinbare Widerspruch verblüffte mich, als ich zum ersten Mal darauf stieß. Er brachte all meine früheren Versuche, über Liebe zu schreiben, zum Scheitern.

...

Ich habe dem Wort des Johannes – „Gott ist Liebe" – immer den Gedanken eines modernen Schriftstellers (Denis de Rougemont) gegenübergestellt: „Die Liebe hört erst auf, ein Dämon zu sein, wenn sie aufhört, ein Gott zu sein." Diesen Satz kann man auch umdrehen: „Die Liebe wird ein Dämon, wenn sie ein Gott wird."

Das Gleichgewicht dieser beiden Aussagen scheint mir eine unerlässliche Vorsichtsmaßnahme. Wenn wir sie außer Acht lassen, kann sich die Wahrheit, dass Gott die Liebe ist, unmerklich ins Gegenteil verdrehen: dass die Liebe Gott sei.

Ich glaube, jeder, der über die Sache nachgedacht hat, versteht, was Denis de Rougemont meint. Jede menschliche Liebe hat in ihren besten Augenblicken eine Tendenz, göttliche Autorität für sich zu beanspruchen. Ihre Stimme klingt, als wäre sie der Wille Gottes selbst. Sie sagt uns, dass für die Liebe kein Preis zu hoch sei. Sie verlangt völlige Hingabe; sie versucht, sich über alle anderen Ansprüche hinwegzusetzen, und flüstert uns ein, dass alles, was „um der Liebe willen" getan wird, darum auch schon legal und sogar gut sei. Dass erotische Liebe und Vaterlandsliebe auf diese Weise zu „Göttern" werden können, ist allgemein bekannt. Aber mit familiären Beziehungen kann dasselbe geschehen, und auf ihre Weise auch mit der Freundschaft.

...

Dabei muss man wohl beachten, dass die natürliche Liebe diesen blasphemischen Anspruch nicht unter ihren schlechtesten natürlichen Bedingungen erhebt, sondern unter den besten: wenn sie ist, was unsere Großväter „rein" und „edel" nannten.

Caritas

„Nächstenliebe" bedeutet Liebe im christlichen Sinne". Liebe im christlichen Sinn ist aber kein Gefühl, sondern ein Akt des Willens. Sie entspricht der sachlichen Liebe, mit der wir uns selbst begegnen und die wir den anderen gegenüber kennen müssen.

Im Kapitel über die Vergebung wies ich darauf hin, dass unsere Liebe zu uns selbst nicht unbedingt bedeutet, dass wir uns auch mögen. Selbstliebe heißt, das eigene Wohl zu wollen. Ebenso ist christliche Nächstenliebe etwas völlig anderes als Sympathie oder Zuneigung. Manche Menschen sind uns „sympathisch“, und wir mögen sie, andere dagegen nicht. Wir müssen uns klar machen, dass solche natürlichen „Sympathien“ weder eine Sünde noch eine Tugend sind, genauso wenig wie die Vorliebe oder Abneigung gegen eine bestimmte Speise etwas mit Sünde oder Tugend zu tun hat. Erst was wir daraus machen, ist entweder sündhaft oder tugendhaft.

Sympathie oder Zuneigung machen es uns natürlich leichter, unseren Nächsten zu „lieben“. Deshalb ist es für gewöhnlich unsere Pflicht, diese Gefühle zu verstärken – den anderen zu „mögen“, soviel wir können –, nicht weil dieses Mögen selbst schon die Tugend wäre, sondern weil es eine Hilfe ist (genauso wie wir uns oft ermahnen müssen, regelmäßig Gymnastik oder gesundes Essen zu mögen).

Ebenso wichtig ist es allerdings, darauf zu achten, dass unsere Sympathie für einen Menschen uns nicht allen anderen gegenüber lieblos oder sogar ungerecht werden lässt. Ja, es gibt sogar Fälle, wo unsere Sympathie für einen Menschen mit der christlichen Liebe zu eben diesem Menschen in Konflikt geraten kann. Eine zärtliche Mutter zum Beispiel mag aufgrund ihrer natürlichen Zuneigung dazu neigen, ihr Kind übermäßig zu verwöhnen. Damit befriedigt sie jedoch ihren eigenen Zärtlichkeitstrieb – auf Kosten der gesunden Entwicklung ihres Kindes.

Doch obwohl man natürliche Sympathiegefühle fördern soll, wäre es völlig verfehlt zu meinen, man müsse sich hinsetzen und liebevolle Gefühle in sich züchten und sei damit auf dem Weg zur christlichen

Liebe. Manche Menschen sind von Natur aus „gefühlsarm“. Das ist für sie ein Missgeschick, aber es ist keine Sünde, genauso wenig wie eine schlechte Verdauung Sünde ist. Und es enthebt sie nicht der Pflicht oder der Möglichkeit, sich um christliche Liebe zu bemühen.

Die Regel, die für uns alle gilt, ist höchst einfach: Wir sollen nicht lange fragen, ob wir unseren Nächsten „lieben“, wir sollen so handeln, als ob wir es täten. Dann entdecken wir eines der größten Geheimnisse. Wenn wir uns nämlich so verhalten, als würden wir einen Menschen lieben, werden wir langsam beginnen, ihn wirklich zu mögen. Wenn wir einen uns unangenehmen Menschen schlecht behandeln, wird er uns immer unangenehmer werden. Sobald wir ihm aber etwas zuliebe tun, wird er uns weniger unsympathisch. Allerdings mit einer Ausnahme. Wenn wir freundlich zu ihm sind, nicht um Gott und dem Gebot seiner Liebe zu gehorchen, sondern um zu beweisen, was für feine, versöhnliche Menschen wir sind, und uns hinsetzen und auf seine „Dankbarkeit“ warten, dann werden wir vermutlich eine Enttäuschung erleben. Die Menschen lassen sich nicht zum Narren halten. Sie spüren sehr schnell, ob man sich aufspielt oder sie herablassend behandelt. Sooft wir aber einem anderen Menschen etwas Gutes tun, einfach weil auch er ein von Gott erschaffenes Wesen ist, das genauso nach Glück strebt wie wir selbst, dann haben wir auf dem Weg der christlichen Liebe einen Schritt vorwärts getan. Wir haben gelernt, einen anderen Menschen etwas herzlicher zu lieben oder ihn zumindest weniger zu verabscheuen.

Obwohl also die christliche Nächstenliebe für sentimentale Leute eine enttäuschend ernüchternde Angelegenheit und obwohl sie etwas sehr anderes als gewöhnliche Zuneigung ist, führt sie doch zur Zuneigung. Ein Christ und ein Weltmensch unterscheiden sich nicht darin, dass ein Weltmensch etwa nur „Sympathie“ kennt und ein Christ nur „Nächstenliebe“. Der Weltmensch behandelt die Menschen freundlich, weil sie ihm sympathisch sind; der Christ dagegen versucht, zu allen nett zu sein, und merkt dabei, dass ihm immer mehr Menschen sympathisch werden, auch solche, bei denen er nie im Traum daran gedacht hätte.

Freundschaft

Freundschaft entsteht aus bloßer Kameradschaft, wenn zwei oder mehr Kameraden entdecken, dass sie eine Einsicht, ein Interesse oder auch einen Geschmack teilen, der andern nichts bedeutet. Bis zu diesem Zeitpunkt glaubte jeder, er sei allein mit diesem Schatz (oder mit dieser Last). Typisch für eine beginnende Freundschaft wärc ctwa der Satz: „Was? Auch du? Ich dachte, ich sei der Einzige!“

...

Nicht einmal Dankbarkeit bereichert die Freundschaft. Das zur Formel gewordene *Don't mention it* („Nicht der Rede wert“) drückt hier genau das aus, was wir empfinden. Das Merkmal echter Freundschaft besteht nicht darin, dass man einander hilft, wo Not am Manne ist (das versteht sich von selbst), sondern dass sich hernach überhaupt nichts ändert. Es war ein Zwischenfall, ein Ausnahmezustand, eine bedauerliche Verschwendung der ohnehin immer zu kurzen gemeinsamen Zeit. Vielleicht hatten wir nur zwei Stunden, um miteinander zu reden, und da mussten wir, weiß Gott, zwanzig Minuten „Geschäften" opfern!

Denn wir wollen doch von den „Geschäften" unseres Freundes gar nichts wissen. Freundschaft ist im Gegensatz zu Eros, nicht neugierig. Jemand wird dein Freund, ohne dass du weißt oder danach fragst, ob er verheiratet oder ledig ist und wie er seinen Lebensunterhalt verdient. Was haben all diese „Nebensächlichkeiten", diese „platten Tatsachen" mit der eigentlichen Frage zu tun: „Erkennst du dieselbe Wahrheit?" Unter wahren Freunden ist jeder einfach der, der er ist; er steht für nichts anderes als für sich selbst. Keiner schert sich um Familie, Beruf, Klasse, Einkommen, Rasse oder Vorgeschichte der andern. Natürlich erfährt man mit der Zeit das meiste. Aber beiläufig. Einzelheiten kommen nach und nach an den Tag, als Illustration oder Vergleich für einen Gedanken, als Aufhänger für eine Anekdote – nie als Selbstzweck. Freundschaft ist königlich. Wir begegnen einander wie souveräne Fürsten unabhängiger Staaten im Ausland, auf neutralem Boden, losgelöst von unserem Lebenszusammenhang. Die Freundesliebe ignoriert (ihrem Wesen nach) nicht nur unseren physischen Körper, sondern auch unsere ganze „Körperschaft", bestehend aus Familie, Beruf, Vergangenheit und Beziehungen. Zu Hause sind wir nicht bloß Hans oder Grete, wir haben auch eine Rolle, sind Mann oder Frau, Bruder oder Schwester,

Vorgesetzter, Kollege oder Untergebener. Nicht so unter Freunden. Hier geht es um den herausgelösten, bloßgelegten Geist. Eros wünscht sich den entblößten Körper, Freundschaft die entblößte Persönlichkeit.

Daher (bitte missverstehen Sie mich nicht) die köstliche Willkür und Verantwortungslosigkeit dieser Liebe. Ich habe keine Verpflichtung, irgendjemandes Freund zu sein. Keine Ansprüche, nicht ein Hauch von Notwendigkeit. Freundschaft ist unnötig, wie die Philosophie, wie die Kunst, wie das Universum selbst (denn Gott hätte nichts zu erschaffen brauchen). Sie besitzt keinen Wert für den Lebenskampf; aber sie gehört zu jenen Dingen, die das Leben lebenswert machen.

Ich sagte, dass Freunde Seite an Seite oder Schulter an Schulter stehen, im Gegensatz zu Liebenden, die wir uns Aug in Auge vorstellen. Über diesen Gegensatz hinaus will ich das Bild nicht pressen. Die gemeinsame Sache, die gemeinsame Vision, die die Freunde verbindet, nimmt sie nicht derart in Beschlag, dass sie einander übersehen oder vergessen würden. Im Gegenteil, das gemeinsame Anliegen ist der Raum, in dem ihrc Licbc und das Wissen umeinander leben. Niemanden kennt man so gut wie den „Gefährten". Jeder Schritt der gemeinsamen Reise stellt ihn auf die Probe. Und diese Probe können wir sehr gut einschätzen, denn wir unterstehen ihr ja auch. Wenn der Gefährte sich bewährt, immer wieder, wächst unser Vertrauen, unsere Achtung, unsere Bewunderung, bis eine wertschätzende Liebe von einzigartiger Lebenskraft und Einsicht zu blühen beginnt. Wenn wir am Anfang mehr auf ihn und weniger auf das gemeinsame Anliegen geblickt hätten, so hätten wir ihn nicht so gut kennen und lieben gelernt. Den Krieger, den Dichter, den Philosophen oder den Christen entdeckt man nicht, wenn man ihm in die Augen starrt, als sei er die Geliebte. Kämpfe an seiner Seite, lies, diskutiere, bete mit ihm – das ist besser.

...

Jede echte Freundschaft ist eine Art Sezession – oder gar Rebellion. Vielleicht ist es die Rebellion von ernsthaften Denkern gegen die Oberflächlichkeit, die den Beifall aller hat – oder von Sonderlingen gegen das anerkannt Vernünftige; die Rebellion von echten Künstlern gegen die populäre Hässlichkeit – oder von Scharlatanen gegen den gebildeten Geschmack; die Rebellion von guten Menschen gegen die Bosheit der Gesellschaft – oder von bösen Menschen gegen das Gute.

...

Freundschaften bergen tatsächlich reale Gefahren. Sie können (wie die Alten erkannten) Schulen der Tugend sein; aber auch (was sie nicht sahen) Schulen des Lasters. Sie sind ambivalent. Sie machen die Guten besser und die Schlechten schlimmer. [...]

Es ist offensichtlich, dass das Element der Absonderung, der Gleichgültigkeit oder Taubheit gegenüber den Stimmen der Außenwelt (wenigstens in gewissen Dingen) allen Freundschaften gemeinsam ist, seien sie gut, schlecht oder einfach harmlos. Selbst wenn die gemeinsame Grundlage der Freundschaft etwas so Unschuldiges ist wie Briefmarkensammeln, missachtet der Kreis immerhin unweigerlich – und mit Recht – die Ansicht von Millionen, die das für eine dumme Beschäftigung halten, und von Tausenden, die nur ein bisschen „gestümpert“ haben. Die Begründer der Meteorologie haben unvermeidlich und mit Recht die Ansichten der Millionen missachtet, die Stürme immer noch für Hexenwerk hielten. Das ist ganz in Ordnung. Ich weiß wohl, dass ich für einen Kreis von Golfspielern, Mathematikern oder Autofahrern ein Außenseiter bin – genauso beanspruche ich für mich das Recht, sie als Außenseiter meines Kreises zu betrachten. Leute, die einander langweilen, sollten sich selten treffen; Leute, die einander interessieren, oft.

…

Freundschaft kann sich nicht selber retten, so wenig wie die andern Arten natürlicher Liebe. Gerade weil sie geistig ist, steht sie einem subtileren Feind gegenüber. Sie muss noch mehr und mit aller Kraft um den göttlichen Schutz bitten, wenn sie gut bleiben soll. Wie schmal ist doch der rechte Weg! Sie darf nicht zu einem „Verein der gegenseitigen Beweihräucherung“ werden; und doch ist sie überhaupt keine Freundschaft, wenn sie nicht erfüllt ist von gegenseitiger Bewunderung, von wertschätzender Liebe.

…

Freundschaft ist keine Belohnung für unser feines Gespür und unseren guten Geschmack, einander zum Freund zu wählen. Sie ist das Werkzeug, mit dem Gott jedem die Schönheiten der andern offenbart.

Zuneigung

Manchmal können wir Tag und Stunde angeben, wo wir uns verliebt oder eine neue Freundschaft geschlossen haben. Aber ich bezweifle, dass wir je den Anfang einer Zuneigung fassen können. Wenn wir uns ihrer bewusst werden, heißt das, dass sie schon seit einiger Zeit besteht. Es ist bezeichnend, dass Zuneigung oft den Ausdruck „alt" gebraucht. Der Hund bellt einen Fremden an, der ihm nie etwas zuleide getan hat, und er wedelt bei alten Bekannten, auch wenn sie ihm nie einen Gefallen erwiesen haben. Das Kind liebt einen alten, mürrischen Gärtner, welcher es kaum je beachtet, und es scheut vor dem Besucher zurück, der es mit allen Mitteln für sich gewinnen will. Aber es muss ein *alter* Gärtner sein, einer der „schon immer" da war – das kurze, aber unvorstellbar lange „Immer" der Kindheit.

...

Zuneigung wäre nicht mehr Zuneigung, wenn man oft und laut davon reden würde. Man kann sie nicht zur Schau stellen – das wäre wie bei einem Wohnungswechsel, wenn man die Möbel aus dem Haus trägt: an Ort und Stelle sind sie ganz in Ordnung, aber in der Sonne sehen sie schäbig, billig oder grotesk aus. Zuneigung nistet sich fast überall in unserem Leben ein. Sie lebt in schlichten, unscheinbaren, privaten Dingen; in weichen Pantoffeln, alten Kleidern, alten Witze, im schläfrigen Klopfen eines Hundeschwanzes auf den Küchenboden, im Schnurren einer Nähmaschine, in einem Hampelmann, der vergessen im Gras liegt.

Aber ich muss mich sofort korrigieren. Ich beschreibe die Zuneigung so, wie sie für sich allein aussieht, ohne die andern Arten der Liebe. Oft ist sie wirklich so; oft auch nicht. Wie Gin nicht nur „sec" getrunken wird, sondern auch als Grundlage für viele Mischgetränke dient, so kann die Zuneigung „rein" vorkommen, aber auch in andere Liebesarten eingehen, sie ganz durchdringen und zum eigentlichen Medium werden, in dem sie sich Tag für Tag auswirken. Eine Freundschaft schließen ist nicht das gleiche wie Zuneigung empfinden. Wenn aber ein Freund ein alter Freund geworden ist, werden all die Dinge, die ursprünglich nicht mit der Freundschaft zu tun hatten, vertraut und lieb. Was die erotische Liebe betrifft, so kann ich mir nichts Widerlicheres vorstellen, als Verliebtheit, die länger als ein paar Augenblicke ohne das schlichte Kleid der Zuneigung auskommen muss. Das wäre ein höchst unbehaglicher Zustand, entweder zu engelhaft oder zu tierisch oder beides abwechselnd: für einen Menschen immer eine Nummer zu groß oder zu klein. In der Freundschaft und in der erotischen Liebe haben jene Augenblicke einen besonderen Zauber, wo die wertschätzende Liebe sozusagen zusammengerollt in einer Ecke schläft und uns bloß das Behagliche, das Alltägliche der Beziehung umfängt (jeder so frei, als sei er allein, und doch keiner einsam). Es braucht keine Worte. Es braucht keine Zärtlichkeiten. Es braucht gar nichts – außer dass vielleicht einer ein wenig in der Glut des Kaminfeuers stochert.

...

Eines der bemerkenswertesten Nebenprodukte der Zuneigung ist noch gar nicht erwähnt worden. Ich habe gesagt, es handle sich nicht in erster Linie um eine Liebe der Wertschätzung. Die Zuneigung ist nicht wählerisch. Sie begnügt sich mit wenig verheißungsvollen Leuten. Aber gerade diese Tatsache macht es möglich, dass durch die Zuneigung unerwartet eine Wertschätzung entsteht, die ohne Zuneigung nie gewachsen wäre.

...

Der besondere Zauber der Zuneigung besteht darin, dass sie Menschen verbindet, die komischerweise eben gerade nicht füreinander geschaffen sind, Leute, die nichts miteinander gemein hätten, wenn das Schicksal sie nicht in denselben Haushalt oder in dieselbe Gemeinschaft geführt hätte. Falls daraus Zuneigung wächst – das geschieht natürlich nicht immer –, gehen ihnen allmählich die Augen auf. Indem ich den „alten So-und-so“ lieb gewinne, einfach, weil er nun einmal da ist, entdecke ich mit der Zeit, dass eigentlich „etwas an ihm ist“. Wenn man zum ersten Mal aufrichtig sagt, dass „er mir zwar nicht liegt“, aber dass er „auf seine Art“ ein feiner Kerl sei, ist das wie eine Befreiung. Das merken wir vielleicht gar nicht. Wir kommen uns nur tolerant und nachsichtig vor. Aber in Wirklichkeit haben wir eine Grenze überschritten. Jenes „auf seine Art“ bedeutet, dass wir über unsere persönliche Eigenart hinaus Güte oder Intelligenz an sich schätzen lernen, nicht nur die Güte und Intelligenz, die nach unserem Geschmack gewürzt und serviert sind.

Eifersucht

Jede Art von Liebe, fast jede Art von Beziehung ist für Eifersucht anfällig. In der Zuneigung ist sie eng verknüpft mit der Anhänglichkeit ans Alte und Vertraute und mit der Tatsache, dass Zuneigung wenig oder nichts mit „wertschätzender Liebe" zu tun hat. Wir wollen nicht, dass die „alten Freunde" klüger oder schöner werden, dass sich das Altgewohnte ändert – und sei es zum Bessern –, dass die alten Sprüche und Lieblingsthemen durch aufregende Neuigkeiten abgelöst werden. Jede Veränderung ist eine Bedrohung für die Zuneigung.

Ein Bruder und eine Schwester – oder zwei Brüder, das Geschlecht spielt dabei keine Rolle – haben bis zu einem gewissen Alter alles miteinander geteilt. Sie haben dieselben Indianergeschichten gelesen, sind in dieselben Bäume geklettert, sind gemeinsam Piraten und Piloten gewesen, haben Briefmarken gesammelt und miteinander das Sammeln aufgegeben. Dann geschieht etwas Entsetzliches. Einer von ihnen bricht aus – entdeckt Dichtung oder Technik oder klassische Musik, oder er erfährt eine religiöse Bekehrung. Das neue Interesse durchströmt sein ganzes Leben. Der andere kann es nicht teilen; er bleibt zurück. Ich glaube, nicht einmal die Untreue von Gattin oder Gatte wecke ein elenderes Gefühl der Verlassenheit oder eine wildere Eifersucht. Noch ist es nicht Eifersucht auf die neuen Freunde, die der Treulose bald gewinnen wird. Das steht noch aus. Zunächst ist es Eifersucht auf die Sache selbst – auf diese Technik, diese Musik, auf Gott (in diesem Zusammenhang heißt das meist „Religion“ oder „dieser ganze fromme Plunder“).

Diese Eifersucht findet ihren Ausdruck häufig im Spott. Das neue Interesse ist „lauter dummes Zeug“, fürchterlich kindisch (oder fürchterlich erwachsen), oder der Treulose ist gar nicht wirklich daran interessiert – er macht sich nur wichtig; er schneidet auf; er ist lauter Getue. Bald werden ihm die Bücher versteckt, das Material zum Experimentieren wird zerstört, das klassische Radioprogramm gewaltsam abgedreht. Denn Zuneigung ist die instinktivste und in diesem Sinne animalischste Liebesart; darum ist ihre Eifersucht entsprechend wild. Sie faucht und fletscht die Zähne wie ein Hund, dem man seinen Knochen entrissen hat. Und warum auch nicht? Man hat dem Kind, das ich hier schildere, die Nahrung seines bisherigen Lebens, sein zweites Ich entrissen. Seine Welt liegt in Trümmern.

Aber nicht nur Kinder reagieren so. Im gewöhnlichen Leben eines friedlichen, zivilisierten Landes gibt es kaum etwas so Teuflisches wie die Bosheit, mit der sich eine ganze ungläubige Familie auf das einzige Glied, das Christ geworden ist, stürzt; oder eine ungebildete Familie auf den einen, der ein Intellektueller zu werden droht. Früher meinte ich, das sei einfach der angeborene und sozusagen „reine“ Hass der Finsternis gegen das Licht. Aber das stimmt nicht. Eine kirchliche Familie, in der jemand Atheist geworden ist, benimmt sich manchmal genauso. Es ist die Reaktion auf einen Treuebruch, ja, auf einen Raub. Man hat uns „unseren“ Jungen (oder „unser“ Mädchen) gestohlen. Es gehörte zu uns, und jetzt gehört er zu denen. Wer hat ein Recht, so etwas zu tun? Es gehört *uns*. Und es hat ja erst angefangen; wer weiß, wo das noch endet? (Dabei waren wir doch alles so glücklich und zufrieden und meinten es nur gut miteinander!)

Manchmal wird eine merkwürdige doppelte Eifersucht empfunden. Oder besser: es sind zwei widersprüchliche Eifersüchte, die sich in dem Geplagten gegenseitig im Kreis jagen. Einerseits: „Das ist doch alles Unsinn, nichts als verdammter, verstiegener Unsinn, lauter heuchlerischer Quatsch." Doch andererseits: „Angenommen – aber das kann, das darf nicht sein – aber nehmen wir einmal an, es wäre etwas dran." Angenommen, es wäre tatsächlich etwas dran, an der Literatur oder am Christentum. Wie, wenn der Treulose tatsächlich eine neue Welt betreten hätte, von der wir übrigens nie etwas geahnt haben? Wie ungerecht! Warum gerade er? Warum sind wir davon ausgeschlossen? „So ein naseweises Ding! So ein neumalkluger Grünschnabel! Dem sollten sich Dinge offenbaren, die seinen Eltern verborgen blieben?" Und da so etwas einfach unglaublich und unerträglich wäre, kehrt die Eifersucht zur Hypothese „lauter Unsinn" zurück.

FORMEN DES GLAUBENS

Gläubige Laien

Früher gab sich der Laie die größte Mühe, sich nicht anmerken zu lassen, dass er so viel weniger glaubte als der Pfarrer; heute neigt er dazu, sich nicht anmerken zu lassen, dass er so viel mehr glaubt. Missionar für die Priester der eigenen Kirche zu sein, ist eine unangenehme Aufgabe. Aber ich habe das schlimme Gefühl, dass die Kirche Englands keine allzu lange Zukunft mehr hat, wenn diese Missionsarbeit nicht bald in Angriff genommen wird.

Theologie

Theologie ist etwas Praktisches, besonders heutzutage. Früher, als Bildung und Diskussion noch nicht so allgemein verbreitet waren, war es vielleicht möglich, mit sehr wenigen, unkomplizierten Vorstellungen von Gott auszukommen. Aber heute ist das anders. Jedermann liest, hört Vorträge, nimmt an Diskussionen teil. Deshalb hat auch der, der von Theologie nie etwas gehört hat, gewisse Vorstellungen von Gott. Aber es sind falsche, verworrene, überlebte Ideen; denn viele Gottesideen, die uns heute als Neuheiten aufgetischt werden, wurden schon vor Jahrhunderten von den Theologen geprüft und verworfen. Wer an die heute gängige Religion und Gottesvorstellung glaubt, der hat einen Schritt zurück getan, wie jemand, der glaubt, die Erde sei eine flache Scheibe.

Fromm in der Not

„Der Teufel war krank – der Teufel wollte Mönch werden." Es gibt keinen Grund, die kurzlebige Frömmigkeit jener als heuchlerisch zu bezeichnen, deren Religion dahinschwindet, sobald sie aus „Gefahr, Not und Drangsal" emportauchen. Warum sollten sie nicht aufrichtig gewesen sein? Sie waren verzweifelt und schrien um Hilfe. Wer täte das nicht?

Kinderglaube

Wenn wir nicht zum schlichten Kinderglauben an objektive Werte zurückkehren, gehen wir zugrunde. Kehren wir aber um, dann können wir leben, und solch eine Umkehr könnte sogar noch einen kleinen Vorteil haben. Wenn wir an die absolute Gültigkeit einfacher moralischer Plattitüden glaubten, dann würden wir diejenigen schätzen, die sich aufgrund anderer als der gerade modernen Normen um unsere Stimmen bemühen. Solange wir glauben, dass das Gute etwas ist, was man erfinden muss, verlangen wir von unserem Regierenden Qualitäten wie „Weitblick", „Dynamik", „Kreativität" und der gleichen. Wenn wir zur objektiven Sicht zurückkehrten, würden wir sehr viel seltenere und weit zuträglichere Qualitäten fordern: Tugend, Wissen, Fleiß und Geschicklichkeit. „Weitblick" – oder was sich dafür ausgibt – ist Schleuderware. Bringen Sie mir lieber einen Menschen, der unbestechlich und seines Lohnes wert ist, der seine Fehler nicht beschönigt und der etwas von seiner Sache versteht.

Im Namen des Molochs

Sollte jenes Buch (von dem ich meine Finger lasse) je geschrieben werden, so muss es ein umfassendes Geständnis der Christenheit über ihren besonderen Beitrag zur Summe menschlicher Grausamkeit und Bosheit enthalten. Die „Welt“ weigert sich, uns anzuhören, wenn wir uns nicht öffentlich von einem großen Teil unserer Vergangenheit distanzieren. Warum sollte sie auch? Wir haben den Namen Christi im Mund geführt und sehr oft im Namen des Molochs gehandelt.

Die Temperatur sinkt spürbar

Wir, die wir den christlichen Glauben verteidigen, sehen uns ständig bekämpft, aber nicht von der Areligiosität unserer Zuhörer, sondern von ihrer tatsächlichen Religion. Sprich von der Schönheit, der Wahrheit, dem Guten, oder sprich von dem Gott, der allen diesen dreien lediglich als Prinzip innewohnt, sprich von einer gewaltigen geistigen Kraft, die alle Dinge durchdringt, von einem gemeinsamen Geist, von dem jeder ein Teil ist, sprich von einem Sammelbecken verallgemeinerter Geistigkeit, zu dem wir alle hinfließen können – und man wird dir freundliches Interesse entgegenbringen. Sprich aber von einem Gott, der Absichten verfolgt und bestimmte Taten ausführt, der das eine tut und das andere nicht, von einem Gott, der konkret und auswählend ist, der befiehlt und verbietet – und die Temperatur sinkt spürbar. Die Leute werden verlegen oder böse. Eine solche Vorstellung erscheint ihnen als primitiv und roh, ja sogar als ehrfurchtslos. Die Volks-"Religion" schließt Wunder aus, weil sie den „lebendigen Gott" des christlichen Glaubens ausschließt und stattdessen an einen Gott glaubt, der eindeutig keine Wunder tut; ja, der tatsächlich überhaupt nichts tut.

Zerlumpte Gerechtigkeit

Mag auch unsere Gerechtigkeit schmutzig und zerlumpt sein, so gibt uns doch das Christentum keinen Grund zur Annahme, dass unsere Erkenntnis von Recht und Unrecht im gleichen Zustand ist. Sie ist zweifellos in Mitleidenschaft gezogen; aber zwischen verminderter Sehkraft und Blindheit besteht ein Unterschied. Eine Theologie, die versucht, unsere praktische Vernunft als durch und durch morsch hinzustellen, schaufelt sich selbst das Grab. Wenn wir einmal den Gedanken zulassen, dass das, was Gott unter „gut" versteht, völlig anders sei als das, was wir gut nennen, dann können wir nicht mehr unterschieden, was reiner Gottesdienst und was Teufelskult ist.

Religiöse Überzeugung

Glaube, so wie ich das Wort hier gebrauche, ist die Fähigkeit, allen Gefühlsschwankungen zum Trotz an Überzeugungen festzuhalten, die man einmal als richtig erkannt hat. Stimmungen wechseln, ganz gleich, was unser Verstand auch meint. Das weiß ich aus Erfahrung. Auch heute noch kann es geschehen, dass mir das ganze Christentum höchst unwahrscheinlich vorkommt, während ich früher, als Atheist, das Christentum von Zeit zu Zeit unerhört überzeugend fand. Dieser Aufstand der Stimmungen gegen unser wahres Selbst wird auf jeden Fall kommen. Darum ist der Glaube eine so wichtige Tugend. Wem es nicht gelingt, seine Emotionen an ihren Platz zu verweisen, der kann kein richtiger Christ, ja nicht einmal ein richtiger Atheist sein; er bleibt ein hin- und hergerissenes Geschöpf, dessen Glaube vom Wetter oder von der Verdauung abhängig ist. Deshalb muss man sich in der Tugend des Glaubens üben.

Der erste Schritt ist also die Erkenntnis, dass unsere Stimmungen wechseln. Der nächste ist der Vorsatz, sich, wenn man den christlichen Glauben angenommen hat, jeden Tag längere Zeit mit seinen Glaubenssätzen zu beschäftigen. Darum sind tägliches Gebet, tägliches Lesen von christlichen Schriften und der Besuch des Gottesdienstes von so großer Bedeutung. Wir müssen ständig daran erinnert werden, was wir glauben. Weder diese noch irgendeine andere Überzeugung wird automatisch in uns lebendig bleiben. Sie muss genährt werden. Wenn wir hundert Menschen fragten, weshalb sie ihren Glauben an das Christentum verloren haben, so würden wir sicher feststellen, dass echte Argumente bei den wenigsten eine Rolle gespielt haben. Die meisten Menschen lassen sich einfach treiben.

Weit davon entfernt, die letzte religiöse Läuterung zu sein, entspricht der Pantheismus in Wirklichkeit nur einem ständig vorhandenen natürlichen Hang des menschlichen Geistes; er ist das permanente Durchschnittsniveau, unter das der Mensch, beeinflusst von Pfaffentrug und Aberglauben, zuweilen sinkt, über das hinaus er sich aber ohne Hilfe und nur aus eigener Anstrengung niemals für lange erheben kann. Platonismus und Judaismus und auch das Christentum (in das von beidem hineingeflossen ist) haben sich als die Einzigen erwiesen, die ihm Widerstand leisten konnten. Pantheismus ist die Haltung, in die der menschliche Geist automatisch verfällt, wenn er sich selbst überlassen bleibt. Kein Wunder, dass wir uns ihm geistig verwandt fühlen. Wenn Religion nur das ist, was der Mensch über Gott sagt, und nicht das, was Gott wegen des Menschen tut, dann *ist* der Pantheismus fast eine Religion. Und „Religion" in diesem Sinne hat letztlich nur einen wirklich ernstzunehmenden Gegner – nämlich den christlichen Glauben[2]. Die moderne Philosophie hat

[2] Wenn also ein Erziehungsminister behauptet, er halte viel von der Religion und gleichzeitig Schritte unternimmt, um den christlichen Glauben zu unterdrücken, ist daraus nicht zwangsläufig zu schließen, dass er ein Heuchler oder gar (im ganz gewöhnlich irdischen Sinne des Wortes) ein Narr ist. Er mag sich aufrichtigerweise mehr „Religion" wünschen und doch zu recht der Ansicht sein, dass die Unterdrückung des christlichen Glaubens eine notwendige Vorarbeit zu seinem Plan sei.

Hegel verworfen, und die moderne Wissenschaft zeigt keine religionsfreundliche Grundhaltung; und doch haben sie sich beide als vollkommen unfähig erweisen, den menschlichen Drang zum Pantheismus zu zügeln. Er ist heute noch fast ebenso stark, wie er es im alten Indien oder im antiken Rom gewesen ist. Die Theosophie und die Verehrung der Lebenskraft sind beides Formen des Pantheismus: Selbst die deutsche Verehrung des Rassen-Denkens ist nur ein für den Gebrauch von Barbaren verstümmelter und zurechtgestutzter Pantheismus. Und dennoch – welch seltsame Ironie – wird jeder neue Rückfall in diese uralte „Religion" als der letzte Schrei auf dem Gebiet der Neuerung und der Emanzipation begrüßt. ...

Der tatsächliche Stand der Frage wird oft deshalb verkannt, weil die Leute ihr Erwachsenen-Wissen über den Pantheismus mit einem Wissen über den christlichen Glauben vergleichen, das sie in ihrer Kindheit erworben haben. Daher gewinnen sie den Eindruck, der christliche Glaube gebe den „einleuchtenden" Bericht über Gott, den Bericht, der viel zu leicht ist, um wahr zu sein, während der Pantheismus etwas Sublimes und Geheimnisvolles biete. In Wirklichkeit ist es umgekehrt. Die scheinbare Tiefgründigkeit des Pantheismus verschleiert nur mühsam eine Menge urwüchsig bildhaften Denkens; und dieser Tatsache verdankt er seine Überzeugungskraft. Die Pantheisten und Christen stimmen darin überein, dass Gott überall gegenwärtig ist. Die Pantheisten schließen daraus, dass er in alle Dinge „ausgegossen" oder in allen Dingen „verborgen" und deshalb eher ein universales Medium als ein konkretes

Wesen sei. Denn ihr Denken und Fühlen ist in Wirklichkeit bestimmt von dem Bild eines Gases, einer Flüssigkeit oder des Raumes selbst. Der Christ hingegen schließt solche Bilder bewusst aus, indem er sagt, dass Gott an jedem Punkt in Raum und Zeit total gegenwärtig, aber *lokalisierbar* an keinem gegenwärtig sei. Wiederum stimmen Pantheist und Christ überein, indem sie beide sagen, dass wir von Gott abhängig sind und in einer engen Beziehung zu ihm stehen. Aber der Christ erläutert diese Beziehung mit den Begriffen vom Schöpfer und dem Geschaffenen, wohingegen der Pantheist (oder zumindest der Vertreter der volkstümlichen Form) behauptet, wir seien „Teile" Gottes oder in ihm enthalten. Wiederum schleicht sich das Bild von einem riesigen, ausgedehnten Etwas ein, das in einzelne Bereiche eingeteilt werden kann. Aufgrund dieses verhängnisvollen Bildes kommt der Pantheismus zu dem Schluss, dass Gott in dem, was wir böse nennen und in dem, was wir gut nennen, gleichermaßen gegenwärtig und deshalb beidem gegenüber indifferent sein müsse (so wie der Äther sowohl Kot als auch Marmor durchdringt). Der Christ muss darauf entgegnen, dass dies viel zu einfach ist; Gott ist auf sehr viele verschiedene Weisen gegenwärtig: in der Materie nicht auf dieselbe Weise wie im Menschen, in allen Menschen nicht auf dieselbe Weise wie in manchen, und in keinem anderen so gegenwärtig wie in Jesus. Pantheisten und Christen stimmen auch darin überein, dass Gott überpersonal ist. Der Christ meint damit, dass Gott von einer bestimmten Struktur ist, die wir niemals hätten vorausahnen können; wie uns auch eine bloße Kenntnis von Vierecken niemals auf einen Würfel hätte schließen lassen können. Er enthält „Personen“ (nämlich drei), während er doch gleichzeitig ein Gott bleibt, genauso wie ein Würfel sechs Quadrate enthält, während er gleichzeitig ein fester Körper bleibt. Wir können eine solche Struktur ebenso wenig begreifen, wie die „Flachländer“ (aus dem zweidimensionalen Reich) einen Würfel begreifen könnten. Aber wir können wenigstens unsere Begriffsunfähigkeit begreifen und auch einsehen, dass, wenn es über die Personalität hinaus etwas gibt, dieses auf *solche* Weise unbegreiflich sein *sollte.* Der Pantheist hingegen – mag er auch das Wort über-personal benutzen – stellt sich Gott in Wirklichkeit in den Begriffen des Unter-Personalen vor – so, wie wenn die Flachländer meinten, ein Würfel existiere in weniger Dimensionen als ein Viereck.

Das Kartenhaus

Wenn wir versuchen uns ernsthaft in den christlichen Tugenden zu üben, lernen wir vor allem eines, nämlich dass wir versagen. Sollten wir je gemeint haben, Gott verlange, dass wir uns einer Art Prüfung unterziehen, und wir könnten uns die guten Noten verdienen – davon müssen wir loskommen. Jede Vorstellung, wir könnten eine Art Handel abschließen; jede Vorstellung, dass wir unsere Seite des Vertrages erfüllen und Gott dadurch in unserer Schuld steht, aus schierer Gerechtigkeit, seinen Verpflichtungen uns gegenüber nachzukommen – von all diesen Gedanken müssen wir loskommen.

Wahrscheinlich trägt jeder, der nur oberflächlich an Gott glaubt, bevor er Christ wird, solche Vorstellung von Prüfung oder Vertrag mit sich herum. Doch wenn er Christ wird, dann müssen ihm als Erstes diese Vorstellungen zerschlagen werden. Manche Leute meinen, das Christentum habe versagt, wenn ihre Vorstellungen so vernichtet werden, und geben auf. Sie halten anscheinend Gott für sehr einfältig, während er doch in Wahrheit über alles, was in uns vorgeht, genau Bescheid weiß. Es ist sogar eine der Hauptaufgaben des Christentums, diese falschen Vorstellungen zu zerstören. Gott wartet auf den Moment, in dem wir erkennen, dass es bei ihm weder darum geht, sich gute Noten zu verdienen, noch darum, dass er in unserer Schuld steht.

Dann folgt eine zweite Entdeckung. Alle unsere Fähigkeiten, unser Denkvermögen ebenso wie die Kraft, jedes einzelne Körperglied zu bewegen, sind uns von Gott geschenkt. Selbst wenn wir jeden Augenblick unseres Lebens völlig in Gottes Dienst stellen würden, könnten wir ihm doch nichts zurückgeben, was nicht bereits sein Eigen ist.

Ersatz oder echt?

Uns allen ist die Vorstellung geläufig, dass das alte jüdische Priestertum bloß ein Symbol war und das Christentum die Realität ist, für die es stand. Doch wir müssen uns einmal überlegen, wie erstaunlich, ja ungeheuerlich und anmaßend das geklungen haben muss, als der Tempel in Jerusalem noch stand. Im

Tempel sah man, wie Gott echte Opfer dargebracht wurden – wirklichen Tieren wurde wirklich die Kehle durchgeschnitten und ihr wirkliches Fleisch und Blut wurde im Ritual gebraucht; in den christlichen Versammlungen dagegen wurde ein Zeremoniell mit Wein und Brotbrocken abgehalten. Es muss nahezu unmöglich gewesen sein, der Überzeugung etwas entgegenzuhalten, dass der jüdische Gottesdienst das Eigentliche und der christliche bloß Ersatz sei – Wein ist so offensichtlich ein Ersatz für Blut und Brot für Fleisch! Und doch hatten die Christen die Kühnheit zu behaupten, es sei umgekehrt – ihr harmloses kleines Opfermahl in Privathäusern repräsentiere das wahre Opfer, und all das Schlachten, der Weihrauch, die Musik und die Anrufungen Gottes im Tempel seien bloß der Schatten.

Wenn wir uns das überlegen, rühren wir unmittelbar an den Lebensnerv all unserer Glaubenszweifel. Es sieht einfach allzu sehr so aus, als ob unser ganzer Glaube ein Ersatz für das echte Wohlergehen wäre, zu dem wir es in dieser Welt nicht bringen. Es scheint so naheliegend, dass unsere Absage an die Welt nichts anderes ist als der Versuch des enttäuschten Fuchses, sich einzureden, dass die unerreichbaren Trauben sowieso sauer sind. Wir denken ja für gewöhnlich gar nicht groß ans Jenseits, bis unsere Hoffnungen im Diesseits mehr oder weniger zerronnen sind – und wenn sie wieder aufleben, wollen wir nicht selten auch vom Glauben nichts mehr wissen. Und kommt nicht das ganze Gerede von der himmlischen Liebe hauptsächlich von Mönchen und Nonnen, von ausgehungerten Zölibatären, die sich mit einer Ersatzhalluzination trösten? Und die Verehrung des Christkinds – ist nicht auch sie durch ein Heer einsamer alter Jungfern auf uns gekommen? Es hilft uns nichts, vor diesen unbequemen Tatsachen die Augen zu verschließen. Geben wir lieber gleich zu, dass die Psychologen hier einen guten *prima facie*-Fall haben. Die Theorie, dass unser Glaube ein Ersatz sei, ist in vielem sehr einleuchtend.

...

Autorität, Vernunft, eigene Erfahrung; auf diesen dreien, in unterschiedlicher Mischung, beruht unser ganzes Wissen. Die Autorität vieler weiser Menschen zu vielen Zeiten und an vielen Orten verbietet es mir, die geistliche Welt als bloße Illusion zu betrachten. Meine Vernunft, die mir die offensichtlich unlösbaren Schwierigkeiten des Materialismus zeigt und mir bewiest, dass die Hypothese einer geistlichen Welt sich bei weit weniger Mutmaßungen mit einem weit größeren Teil der Wirklichkeit deckt, verbietet es ebenfalls. Meine Erfahrung, dass selbst so schwache Versuche eines geistlichen Lebens, wie ich sie mache, nicht zu den Ergebnissen führen, zu denen man normalerweise kommt, wenn man einer Illusion nachläuft, verbietet es zum dritten Mal. Ich sage damit nicht, dass niemand aufgrund seiner Vernunft und seiner Erfahrung zu anderen Ergebnissen kommen kann. Ich will nur versuchen, das Problem richtig zu drehen, klarzumachen, dass der Stellenwert, den wir dem Zeugnis irgendeines Gefühls beimessen, von unserer gesamten Weltanschauung abhängig sein muss und nicht umgekehrt unsere gesamte Weltanschauung von einem Gefühl. Falls die, welche eine immaterielle Welt verneinen, aufgrund allgemeingültiger Beweise zeigen können, dass sie Recht haben, folgt daraus notwendig, dass unsere vermeintlichen geistlichen Erfahrungen Einbildung sein *müssen;* wenn aber umgekehrt wir Recht haben, dann folgt daraus, dass die geistlichen Erfahrungen die ursprüngliche Wirklichkeit sind und unsere natürlichen Erfahrungen nur ein Zweitbestes. Und beachten wir, dass – welcher Ansicht wir uns auch zuwenden – das Gefühl seinem Wesen nach nie aufhören wird, unsere Überzeugungen anzufechten. Wie der Christ Augenblicke kennt, wo das Getöse dieser sichtbaren und hörbaren Welt so aufdringlich und das Flüstern der unsichtbaren Welt so schwach wird, dass Glaube und Vernunft kaum standhalten können, so hat auch, wie ich aus eigener Erinnerung nur zu gut weiß, der Atheist seine Augenblicke des Schauderns und Zweifelns, des absolut unabweisbaren Verdachts, dass die alten Geschichten vielleicht doch wahr seien, dass jeden Moment Jemand oder Etwas von außen in sein wohlgeordnetes, erklärbares, mechanisches Universum hereinbrechen könnte. Glauben Sie an Gott – und Sie werden Stunden erleben, da es offensichtlich scheint, dass diese materielle Welt die einzige Wirklichkeit ist; glauben Sie nicht an ihn – und Sie werden Stunden erleben, da Sie das Gefühl haben, diese materielle Welt rufe Ihnen aus allen Winkeln zu, dass sie *nicht* alles ist. Keine Überzeugung, ob religiös oder nicht, kann aus sich selbst ein für allemal diesen Feind im eigenen Herzen zum Schweigen bringen. Nur praktizierter Glaube, aus dem sich eine Glaubensgewohnheit entwickelt, kann dies allmählich vollbringen.

Auserwählt

Der Gedanke eines „auserwählten Volkes“ gefällt uns nicht. Als Demokraten von Geburt und Erziehung zögen wir den Gedanken vor, dass alle Völker und Individuen auf ihrer Suche nach Gott denselben Ausgangspunkt hätten; oder gar, dass alle Religionen gleichermaßen wahr seien. Wir müssen von vornherein zugeben, dass der christliche Glaube in diesem Punkt keinerlei Konzessionen macht. Er spricht überhaupt nicht von einer menschlichen Suche nach Gott, sondern von dem, was Gott dem Menschen, für den Menschen und wegen des Menschen getan hat. Die Art und Weise, in der er dieses tut, ist im höchsten Grade wählerisch und undemokratisch. Nachdem das Wissen von Gott allgemein verloren oder verdunkelt ist, wird auf der ganzen Erde ein Mann (Abraham) ausgesucht. Er wird von seiner natürlichen Umwelt getrennt (traurig genug, wie wir annehmen dürfen), in ein fremdes Land geschickt und zum Ahnherrn einer Nation gemacht, die das Wissen vom wahren Gott in sich tragen soll. Innerhalb dieser Nation geht die Auswahl noch weiter: Einige sterben in der Wüste, andere bleiben in Babylon zurück. Und immer noch geht die Auswahl weiter. Sie spitzt sich zu und endet schließlich in einem kleinen strahlenden Punkt, wie in der Spitze eines Speeres: in einem jüdischen Mädchen bei ihrem Gebet. Die ganze Menschheit (soweit es um ihre Erlösung geht) hat sich darin zugespitzt.

Ein solcher Vorgang entspricht kaum unserem modernen Empfinden. Doch er entspricht in auffallender Weise dem, was die Natur gewohnheitsmäßig tut. Auswahl und, verbunden damit (wie wir zugeben müssen), enorme Verschwendung, das ist ihre Methode. Vom ganzen, ungeheuren Raum ist nur ein sehr kleiner Teil mit Materie erfüllt. Von allen Sternen haben nur sehr wenige, vielleicht nur einer, Planeten. Von den Planeten unseres eigenen Systems trägt möglicherweise nur einer organisches Leben. In der Übertragung des organischen Lebens werden unzählige Samen und Spermatozoen ausgeschickt: Nur einige wenige werden zur Fruchtbarkeit auserwählt. Unter den Arten ist nur eine vernunftbegabt. Und innerhalb dieser Art genießen nur wenige das Vorrecht der Schönheit, Stärke oder Klugheit.

An dieser Stelle kommen wir der Beweisführung von Butlers berühmter *Analogie* gefährlich nahe. Ich sage „gefährlich", denn die Argumente seines Buches laden geradezu ein zu folgender Parodie: „Du sagst, das dem christlichen Gott zugeschriebene Verhalten sei sowohl bösartig als auch töricht; aber es ist deswegen nicht weniger wahrscheinlich, denn ich kann dir beweisen, dass die Natur (die er geschaffen hat) sich genauso schlimm verhält." Worauf der Atheist antworten wird – und je näher er in seinem Herzen Christus ist desto gewisser wird er das tun –: „Wenn es einen solchen Gott gibt, dann verachte ich ihn und trotze ihm." Ich will damit aber nicht sagen, dass die Natur, wie wir sie jetzt kennen, gut sei; darauf müssen wir gleich noch einmal zu sprechen kommen. Ich sage auch nicht, dass ein Gott, dessen Handlungen nicht besser sind als die der Natur, für einen ehrlichen Menschen der rechte Anbetungsgegenstand sei. Die Sache ist ein wenig subtiler. Diese auswählende oder undemokratische Eigenschaft der Natur ist, wenigstens insoweit, als sie das menschliche Leben betrifft, weder gut noch böse. Ob sich das eine oder andere mehr hervortut, hängt davon ab, ob es dem Geist gelingt, diese Naturgegebenheit auszunützen, oder ob es ihm misslingt.

Sie lässt einerseits erbarmungslosen Wettbewerb, Arroganz und Neid zu, andererseits aber auch Bescheidenheit und (eine unserer größten Freuden) Bewunderung. Eine Welt, in der ich *tatsächlich* (und nicht nur laut nützlicher, wenn auch nicht der Wirklichkeit entsprechender Gesetze) „so gut wie jeder andere" wäre, in der ich niemals zu jemand Weiserem, Geschickterem, Mutigerem oder Gelehrterem aufschauen könnte, wäre unerträglich. Besonders die Fans der Film- und Fußballstars wüssten sich etwas Besseres zu wünschen! Der christliche Bericht stellt nicht etwa auf göttlicher Ebene eine Grausamkeit und Verschwendungssucht fest, die uns auf der Natur-Ebene anekeln; sondern er zeigt uns im Handeln Gottes, das weder grausam noch verschwenderisch ist, dasselbe Prinzip, welches auch in der Natur vorhanden ist, in dieser jedoch mal auf die eine und mal auf die andere Weise wirksam wird. Der Bericht erläutert das Bild der Natur, indem er erklärt, dass ein zunächst sinnlos erscheinendes Prinzip dennoch von einem guten und schönen Prinzip hergeleitet werden, ja, sogar dessen verdorbene und befleckte Kopie sein kann – also jene krankhafte Form, die es in einer gefallenen Natur annehmen würde.

Wenn wir nämlich die Auswahl näher betrachten, die Gott laut Aussage der Christen trifft, finden wir darin nichts von jenem „Favoritentum", das wir befürchtet haben. Das „auserwählte" Volk wurde nicht um seiner selbst willen erwählt (und gewiss nicht zu seiner Ehre oder seinem Vergnügen), sondern um der Nichterwählten willen. Abraham wird gesagt, dass „in seinem Samen“ (dem auserwählten Volk) „alle Völker gesegnet werden sollen“. Dieses Volk wurde auserwählt, eine schwere Last zu tragen. Seine Leiden sind groß. Doch, wie Jesaja erkannte, seine Leiden heilen andere. Auf die schließlich auserwählte Frau warten die tiefsten Abgründe mütterlicher Qual. Ihr Sohn, der fleischgewordene Gott, ist ein „Mann der Schmerzen“. Der eine Mensch, in den die Gottheit herabstieg, der eine Mensch, der mit Recht angebetet werden kann, dieser eine sticht gerade wegen seines Leidens hervor.

Griechen, Römer, Hebräer

Den meisten von uns, vielleicht uns allen (außer wir wären entweder sehr ungebildet oder sehr heilig oder womöglich beides), ist die Kultur, die von den Griechen und Römern herkommt, vertrauter, geistesverwandter, als das, was wir vom alten Israel haben. Schon die Bezeichnungen und Begriffe, die wir in Wissenschaft, Philosophie, Kritik, Staatsführung, Grammatik brauchen, sind durchweg graeko-romanisch. Dieser Einfluss, und nicht der jüdische, hat uns im landläufigen Sinne „kultiviert“. Doch kein Christ kann die Bibel lesen, ohne zu entdecken, dass ihm diese alten, uns für gewöhnlich so fernstehenden Hebräer jederzeit auf eine Weise Brüder sein können, wie kein Grieche oder Römer es je gewesen ist. Welch eine langweilige, vage Sache scheint uns beispielsweise auf den ersten Blick das Buch der Sprüche: Bärtige Orientalen, die endlose Binsenwahrheiten von sich geben, als wollten sie *Tausendundeine Nacht* parodieren. Verglichen mit Plato oder Aristoteles – verglichen mit Xenophon –, ist das überhaupt kein Denken. Dann, plötzlich, wenn wir drauf und dran sind aufzugeben, fällt unser Blick auf die Worte: „Wenn deinen Feind hungert, so speise ihn mit Brot, und wenn ihn dürstet, so gibt ihm Wasser zu trinken" (Spr. 25, 21). Wir reiben uns die Augen. So etwas war damals schon sprichwörtlich! Sie kannten das schon so lange, bevor Christus kam! Es gibt nichts Entsprechendes im Griechentum und, wenn ich mich recht erinnere, auch nicht bei Konfuzius. Und solche Überraschungen können wir in den Psalmen oft erleben. Diese sonderbaren, fremden Gestalten können uns jeden beliebigen Augenblick beweisen, dass hinsichtlich der geistlichen Abstammung (im Unterschied zur kulturellen) letztlich sie unsere Ahnen sind und die Völker des Klassischen Altertums Fremde. Umgekehrt erleben wir beim Lesen der Klassiker manchmal die entgegengesetzte Überraschung. Diese geliebten, so gebildeten, toleranten, humanen und aufgeklärten Schriftsteller geben da und dort plötzlich zu erkennen, dass uns ein Abgrund von ihnen trennt. Daher das ständige verschmitzte Gekicher Platos über die Knabenliebe oder die elitäre Haltung, die Aristoteles' Ethik fast lächerlich macht. Wir beginnen zu zweifeln, ob auch nur einer von ihnen (und wäre es selbst Vergil), wenn wir sie von den Toten zurückrufen könnten, nicht schon in der ersten Stunde des Gesprächs etwas von sich gäbe, was uns zutiefst befremden würde.

Ich meine keineswegs, dass die Hebräer einfach „besser“ waren als die Griechen und die Römer. Im Gegenteil, wir finden in den Psalmen Äußerungen einer Grausamkeit, die rachedurstiger, und einer Selbstgerechtigkeit, die totaler ist als irgend etwas bei den Klassikern. Wenn wir diese Abschnitte übergehen und nur ein paar ausgesuchte Lieblingspsalmen lesen, verpassen wir das Entscheidende. Denn das Entscheidende ist genau dies: dass ausgerechnet diese fanatischen und mordlustigen Hebräer, und nicht die aufgeklärteren Völker, geistlich immer wieder – für kurze Augenblicke – ein christliches Niveau erreichen; nicht dass sie besser oder schlechter wären als die Heiden, sondern dass sie besser oder schlechter zugleich sind. Wir müssen wohl oder übel anerkennen, dass diese uns so fremden Dichter, zumindest in einer Hinsicht, unsere Vorfahren waren, und zwar die einzigen Vorfahren, die wir in der ganzen antiken Welt finden können. Sie haben etwas, was die Heiden nicht haben. Sie wissen etwas, das Sokrates nicht wusste. Dieses Etwas wächst offenbar durchaus nicht natürlicherweise aus dem hervor, was wir sonst von ihrem Charakter zu sehen bekommen. Es sieht aus wie etwas, das ihnen von außen geschenkt worden ist; tatsächlich wie das, wofür es sich ausgibt: eine Offenbarung. Ihre Behauptung, das „auserwählte Volk“ zu sein, hat Hand und Fuß.

Wenn wir zugeben, dass sich Wunder ereignen *können,* dann ist es selbstverständlich Aufgabe der Erfahrung, uns zu sagen, ob sich bei irgendeiner Gelegenheit eines zugetragen hat. Doch bloße Erfahrung, selbst wenn sie sich über Millionen von Jahren erstreckt, kann uns niemals sagen, ob das Ganze überhaupt möglich ist. Das Experiment findet heraus, was in der Natur regelmäßig geschieht: die Norm oder die Regel, nach der sie arbeitet. Derjenige, der an Wunder glaubt, leugnet ja nicht, dass eine solche Norm oder Regel existiert; er sagt nur, dass sie auch aufgehoben werden kann. Ein Wunder ist seiner Definition nach eine Ausnahme. Wie kann uns die Entdeckung einer Regel darüber Auskunft geben, ob diese Regel – einen ausreichenden Grund vorausgesetzt – aufgehoben werden kann? Wenn wir sagen, A sei die Regel, dann könnte uns die Erfahrung widerlegen, indem sie herausfindet, dass B die Regel ist. Wenn wir sagen, dass es keine Regel gibt, dann kann die Erfahrung uns widerlegen, indem sie herausfindet, dass B die Regel ist. Wenn wir sagen, dass es keine Regel gibt, dann kann die Erfahrung uns widerlegen, indem sie feststellt, dass es doch eine gibt. Doch wir behaupten nichts dergleichen. Wir stimmen zu, dass es eine Regel gibt, und dass es B. ist. Was hat das mit der Frage zu tun, ob die Regel aufgehoben werden kann? Sie erwidern: „Aber die Erfahrung zeigt doch, dass sie nie aufgehoben wurde." Darauf entgegnen wir: „Selbst wenn dem so wäre, würde das nicht beweisen, dass sie es nie werden könnte. Zeigt uns denn die Erfahrung, dass die

Regel nie aufgehoben wurde? Die Welt ist voller Erzählungen von Leuten, die behaupten, Wunder erlebt zu haben. Vielleicht sind die Erzählungen falsch; vielleicht stimmen sie aber auch. Aber bevor Sie diese historische Frage entscheiden können, müssen sie herausfinden, ob die Sache möglich ist, und wenn ja, wie wahrscheinlich sie ist."

Die Vorstellung, dass der Fortschritt der Wissenschaft diese Frage irgendwie beeinflusst habe, ist eng verbunden mit der Vorstellung, die Menschen „in alten Zeiten" hätten daran geglaubt, „weil sie die Naturgesetze nicht kannten". So kann man Leute sagen hören: „Die ersten Christen glaubten, Christus sei der Sohn einer Jungfrau gewesen; aber wir wissen, dass das naturwissenschaftlich gesehen unmöglich ist." Sie scheinen die Vorstellung zu haben, dass der Glaube an Wunder in einer Zeit aufkam, in der die Menschen über den Ablauf der Natur derart im Ungewissen waren, dass sie die Wunder nicht einmal als Widerspruch dazu wahrnahmen. Ein Augenblick des Nachdenkens zeigt uns, wie unsinnig das ist (die Geschichte von der Jungfrauengeburt ist ein besonders treffendes Beispiel): Als Joseph entdeckte, dass seine Verlobte ein Kind bekam, beschloss er, verständlicherweise sie zu verstoßen. Warum? Weil er genauso gut wie jeder moderne Gynäkologe wusste, dass eine Frau nach den üblichen Regeln der Natur nur dann ein Kind bekommt, wenn sie mit einem Mann geschlafen hat. Der moderne Gynäkologe weiß zweifellos einiges über Geburt und Empfängnis, was Joseph nicht wusste. Aber diese Dinge haben nichts mit der Hauptsache zu tun – nämlich, dass eine Jungfrauengeburt dem Lauf der Natur widerspricht. Und es liegt auf der Hand, dass Joseph *das* wusste. In welchem Sinne auch immer heute die Aussage zutreffen mag: „Das ist naturwissenschaftlich betrachtet nicht möglich", er hätte dasselbe gesagt: Das war immer schon unmöglich und war auch immer schon als unmöglich bekannt, *es sei denn,* der übliche Ablauf der Natur wurde in diesem besonderen Fall durch irgendeine Kraft außerhalb der Natur aufgehoben oder ergänzt. Als Joseph schließlich akzeptierte, dass die Schwangerschaft seiner Braut nicht durch Unkeuschheit sondern durch ein Wunder verursacht worden war, akzeptierte er dieses Wunder als etwas, das der bekannten Ordnung der Natur widersprach. Sämtliche Wunderberichte lehren uns das. In all diesen Geschichten erregen die Wunder Furcht und Verwunderung (eben das ist in dem Wort Wunder enthalten) unter den Zuschauern und werden als Beweise für eine übernatürliche Kraft angesehen. Wenn sie nicht als den Naturgesetzen widersprechend erkannt worden wären, wie hätten sie dann die Ahnung von der Gegenwart des Übernatürlichen aufkommen lassen können? Wenn sie nicht als Ausnahmen von der Regel erkannt worden wären, wie hätten sie dann überraschen können? Und wie kann irgend etwas als Ausnahme von der Regel angesehen werden, bevor die Regel überhaupt bekannt ist? Wenn es jemals Menschen gegeben hätte ohne die mindeste Ahnung von den Naturgesetzen, dann hätten diese keinerlei Vorstellung von Wundern gehabt und wären auch nie besonders daran interessiert gewesen, selbst wenn eines vor ihren Augen geschehen wäre. Solange man nicht entdeckt hat, was das Normale ist, kann einem nichts als unnormal erscheinen. Der Glaube an Wunder ist nicht nur weit davon entfernt, auf der Unkenntnis der Naturgesetze zu beruhen, er ist überhaupt nur in dem Maße möglich, wie diese Gesetze bekannt sind. Wenn man davon ausgeht, dass man das Übernatürliche ausschließt, wird man keine Wunder wahrnehmen; das haben wir schon gesehen. Nun müssen wir noch hinzufügen, dass man auch dann keine Wunder wahrnehmen wird, wenn man nicht daran glaubt, dass die Natur nach bestimmten Regeln abläuft. Wenn man noch nicht bemerkt hat, dass die Sonne stets im Osten aufgeht, wird man auch nichts Wunderbares daran finden, wenn sie eines Morgens im Westen aufgeht.

Wenn uns Wunder als Normalgeschehnisse dargeboten würden, dann würde der wissenschaftliche Fortschritt, dessen Aufgabe es ja ist, uns zu sagen, was normalerweise geschieht, den Glauben an sie immer schwerer und schließlich unmöglich machen. Nun hat dieser Fortschritt auf eben diese Weise (und sehr zu unserem Nutzen) die verschiedenen Dinge unglaubhaft gemacht, an die unsere Vorfahren noch geglaubt haben: menschenfressende Ameisen und Vogel-Greife in Skythien, Menschen mit einem einzigen Riesenfuß, Magnetberge, die alle Schiffe zu sich hinziehen, Meerjungfrauen und feuerspeiende Drachen. Aber diese Dinge wurden nie als übernatürliche Einbrüche in den Lauf der Natur dargestellt. Sie wurden als zu ihrem ordnungsgemäßen Ablauf dazugehörig bezeichnet – ja, als „Naturwissenschaft". Die spätere und besser informierte Naturwissenschaft hat sie darum mit Recht abgeschafft. Wunder nehmen eine völlig andere Stellung ein. Wenn es feuerspeiende Drachen gäbe, würden unsere Großwildjäger sie finden: Es hat uns aber noch nie jemand vormachen wollen, man könne mit einer Wiederholung der Jungfrauengeburt oder des Seewandels Jesu rechnen. Gibt sich eine Sache von Anfang an als einzigartige Invasion einer außernatürlichen Kraft in der Natur zu erkennen, kann auch ein fortgeschrittenes Wissen über die Natur sie niemals glaubwürdiger oder unglaubwürdiger machen, als sie es von Anfang an war. In diesem Sinne ist es reine Gedankenverwirrung, wenn man annimmt, der wissenschaftliche Fortschritt habe es uns schwerer gemacht, Wunder zu akzeptieren. Wir wussten immer schon, dass sie dem natürlichen Lauf der Dinge widersprechen; wir wissen immer noch, dass sie möglich sind, wenn es außerhalb der Natur etwas gibt.

So also sieht das nackte Gerüst der Frage aus; Zeit, Fortschritt, Wissenschaft und Zivilisation haben daran nicht das Geringste geändert. Die Gründe für Glauben und Unglauben sind heute noch dieselben wie vor zwei- oder zehntausend Jahren. Hätte Joseph nicht genug Glauben gehabt, um Gott zu vertrauen, oder Feingefühl, um die Reinheit seiner Braut wahrzunehmen, hätte er den wunderbaren Ursprung ihres Sohnes ebenso leicht anzweifeln können wie jeder moderne Mensch; und jeder moderne Mensch, der an Gott glaubt, kann das Wunder ebenso leicht akzeptieren, wie Joseph es getan hat.

Nach Aussage der Berichte ging Christus (wie kein Mensch vor ihm) nicht in eine rein, das heißt im negativen Sinne „geistige“ Existenzweise über und auch nicht in ein „natürliches“ Leben, wie wir es kennen, sondern in ein Leben, das seine eigene neue Natur hat. Der Überlieferung nach zog er sich sechs Wochen später in eine andere Existenzweise zurück. Es wird gesagt – er sagt –, er gehe hin, „um uns eine Stätte zu bereiten“. Damit ist vermutlich gemeint, dass er darangehe, jene ganz neue Natur zu schaffen, die die Umgebung oder die Voraussetzung für seine verherrlichte Menschlichkeit und, in ihm, auch für unsere liefert. Das ist nicht das Bild, das wir erwartet haben – ob es deshalb allerdings unwahrscheinlicher und unphilosophischer oder wahrscheinlicher und philosophischer ist, das ist eine andere Frage. Es ist nicht das Bild einer Flucht aus einer wie auch immer gearteten Natur in irgendein uneingeschränktes und vollkommen transzendentes Leben. Es ist das Bild von der Entstehung einer neuen menschlichen Natur und einer neuen Natur im Allgemeinen. Wir müssen in der Tat annehmen, das sich der auferstandene Körper gänzlich von dem sterblichen unterscheidet: Dass jedoch in diesem neuen Zustand etwas existiert, das überhaupt in irgendeinem Sinn als „Körper“ beschrieben werden kann, schließt bereits eine gewisse räumliche Beziehung und letztlich ein ganz neues Universum in sich ein. So sieht das Bild aus – es ist nicht ein Bild des Zunichtemachens, sondern des Neumachens. Der alte Acker von Raum, Zeit, Materie und Sinnen muss für eine neue Ernte

gejätet, umgepflügt und besät werden. Wir mögen des alten Ackers müde sein: Gott ist es nicht.
...
Die neue Natur ist in höchst lästiger Weise an einigen Punkten mit der alten verknüpft. Weil sie so neu ist, müssen wir uns ihr in den meisten Fällen gedanklich auf metaphorischer Ebene nähern: Wegen der teilweisen Verknüpfung aber dringen einige Tatsachen mit all ihren wörtlich zu nehmenden Gegebenheiten bis in unsere gegenwärtige Erfahrung durch – genauso wie manche Angaben über das Organische auch auf das Anorganische und manche Erkenntnisse über räumliche Körper auch auf die Flächengeometrie zutreffen.

Doch abgesehen davon wirkt schon der bloße Gedanke einer neuen Natur, einer Natur über die Natur hinaus, einer systematischen und mannigfaltigen Wirklichkeit, die im Verhältnis zur Welt unserer gegenwärtigen fünf Sinne „übernatürlich", von ihrem eigenen Standpunkt aus aber natürlich ist, wie ein schwerer Schock auf gewisse philosophische Vorurteile, an denen wir alle kranken. Die Ursache dazu finden wir wohl bei Kant. Man könnte es folgendermaßen ausdrücken: Wir sind bereit, entweder an eine einstöckige Wirklichkeit oder an eine zweistöckige Wirklichkeit zu glauben, aber nicht an eine Wirklichkeit gleich einem Wolkenkratzer mit vielen Stockwerken. Wir sind bereit, an die Art von Wirklichkeit zu glauben, an die der Naturalist glaubt. Und diese Wirklichkeit ist einstöckig: Über die gegenwärtige Natur hinaus gibt es nichts, sie ist alles. Ebenso sind wir offen für eine Wirklichkeit, wie die „Religion" sie sich vorstellt: eine Wirklichkeit mit

Erdgeschoss (Natur) und noch einem, aber wirklich nur einem Stockwerk darüber – einem ewigen, raumlosen, zeitlosen, geistigen Etwas, von dem wir uns kein Bild machen können und das, wenn es sich dem menschlichen Bewusstsein überhaupt darbietet, dies mittels mystischer Erfahrung tut, die alle unsere Denkkategorien zerschlägt. Worauf wir aber nicht vorbereitet sind, das sind die Dinge, die dazwischen liegen. Wir sind uns ganz sicher, dass der erste Schritt über die Welt unserer gegenwärtigen Erfahrung hinaus uns entweder überhaupt nirgendwo hinführt, oder aber in den blindmachenden Abgrund undifferenzierter Geistigkeit, in das Uneingeschränkte, in das Absolute. Das ist der Grund, warum viele, die nicht an Engel und an eine Engelwelt glauben können, doch an Gott glauben. Das ist der Grund, warum viele, die nicht an die Auferstehung des Körpers glauben können, doch an die Unsterblichkeit glauben. Das ist der Grund, warum der Pantheismus beliebter ist als der christliche Glaube und warum sich viele ein seiner Wunder entkleidetes Christentum wünschen. Heute kann ich sie nicht mehr verstehen, doch ich erinnere mich noch sehr gut an die leidenschaftliche Überzeugung, mit der ich selbst einst dieses Vorurteil verteidigt habe. Jegliches Geraune über Stockwerke oder Ebenen, die zwischen dem Uneingeschränkten und der durch unsere gegenwärtigen Sinne geoffenbarten Welt liegen sollten, tat ich ohne weitere Nachfragen als „Mythologie" ab.

Das Christentum ist fast die einzige der großen Religionen, die den Leib durchaus bejaht – die glaubt, dass die Materie gut ist, dass Gott selbst einmal Menschengestalt annahm, dass uns sogar im Himmel eine Art Körper gegeben wird und dieser ein wesentlicher Teil unserer Seligkeit, unserer Schönheit und Kraft sein wird. Das Christentum hat mehr als jede andere Religion die Ehe verherrlicht. Fast alle hohe Liebesdichtung der Weltliteratur wurde von Christen geschaffen, und das Christentum widerspricht jedermann, der behauptet, die Sexualität sei an sich schlecht.

Aber wenn die Leute sagen: „Niemand braucht sich der Sexualität zu schämen“, können sie natürlich auch meinen: „Niemand braucht sich über den Zustand zu schämen, in den der Geschlechtstrieb heute geraten ist.“ Wenn sie das meinen, dann haben sie, glaube ich, unrecht. Wir müssen uns sogar ganz gewaltig schämen. Es gibt keinen Grund, sich zu schämen, wenn man das Essen genießt. Aber man müsste sich sehr wohl schämen, wenn die halbe Welt das Essen zum Hauptinhalt des Daseins machen und die Zeit damit zubringen würde, sich Bilder mit Speisen anzuschauen, zu schmatzen und sich den Mund zu lecken.

Ich will damit keineswegs sagen, dass wir persönlich für die heutige Situation verantwortlich sind. Die sexuellen Verkrampfungen des modernen Menschen sind das Ergebnis einer langen Entwicklung; und wir sind umgeben von Werbung, die uns zur Unkeuschheit reizen will. Es gibt Leute, denen daran liegt, unseren Geschlechtstrieb ständig in Erregung zu halten, damit sie uns das Geld besser aus der Tasche ziehen können. Denn ein Mensch, der von etwas besessen ist, kann natürlich der Werbung kaum widerstehen. Gott kennt unsere Lage; er wird uns nicht richten, als hätten wir diese Schwierigkeiten nie gehabt. Worauf es ihm aber ankommt, ist die Aufrichtigkeit und Ausdauer unseres Willens, mit diesen Schwierigkeiten fertig zu werden.

Das Gebet

In keinem Fall ist es möglich, empirisch nachzuweisen, ob ein bestimmtes, nicht wunderhaftes Geschehen die Erhörung eines Gebetes darstellte oder nicht. Weil es eben kein Wunder war, kann der Skeptiker stets auf seine natürlichen Ursachen verweisen und sagen: „Deswegen wäre es ohnehin geschehen", und der Glaubende kann stets erwidern: „Gerade weil diese Ursachen nur Glieder in einer Kette von Ereignissen sind und ein Glied am andern und die ganze Kette an Gottes Willen hängt, gerade deshalb können sie geschehen sein, weil jemand gebetet hat." Die Wirksamkeit des Gebetes kann daher ohne bewussten Einsatz unseres Willens weder behauptet noch geleugnet werden – und zwar des Willens, den Glauben angesichts einer ganzen Philosophie anzunehmen oder abzulehnen. Experimentelle Beweise kann es weder auf der einen noch auf der anderen Seite geben. In der Reihe M-N-O ist das Ereignis N, wenn es nicht ein Wunder ist, stets durch M verursacht, und seinerseits verursacht es O; die wirkliche Frage ist vielmehr die, ob die Gesamtreihe (A–Z) aus einem Willen entspringt oder nicht entspringt, der menschliche Gebete mit einzukalkulieren vermag.

Die Unmöglichkeit des empirischen Beweises ist eine geistige Notwendigkeit. Ein Mensch, der aus Erfahrung wüsste, dass ein Ereignis durch sein Gebet verursacht worden ist, würde sich wie ein Zauberer fühlen. Es würde ihm den Kopf verdrehen und das Herz verderben. Der Christ soll nicht danach fragen, ob dieses oder jenes Ereignis aufgrund eines Gebetes geschehen sei. Er soll lieber daran glauben, dass alle Ereignisse ohne Ausnahme *Antworten* auf Gebete sind; und zwar insofern, als in ihnen, ob sie nun Zu- oder Absagen sind, die Gebete und Bedürfnisse sämtlicher Betroffenen mit berücksichtigt wurden. Alle Gebete werden gehört, aber nicht alle werden erhört. Wir dürfen uns das Schicksal nicht wie einen Film vorstellen, der zwar größtenteils von selbst abrollt, in den unsere Gebete aber hin und wieder ein paar zusätzliche Dinge einfügen dürfen. Im Gegenteil: was der Film uns während des Abspulens darbietet, enthält bereits die Ergebnisse unserer Gebete und sonstigen Handlungen. *Ob* ein Ereignis aufgrund meines Gebetes geschehen ist, steht nicht zur Debatte. Wenn das, wofür ich gebetet habe, eintrifft, hat mein Gebet stets dazu beigetragen. Trifft aber das Gegenteil davon ein, ist mein Gebet trotzdem nicht ignoriert worden; es wurde in Betracht gezogen und abgelehnt, zum endgültigen Wohle meiner selbst und des Universums. (Denn beispielsweise ist es für mich und jeden sonst letztlich besser, wenn andere Menschen, einschließlich der bösen, ihren freien Willen ausüben, als wenn ich vor Grausamkeit und

Falschheit dadurch geschützt würde, dass alle Menschen zu Automaten werden.) Das Ganze ist jedoch eine Frage des Glaubens und muss es bleiben. Der Versuch, in einigen Fällen gezieltere Beweise für Gebetserhörungen zu finden als in anderen, läuft meiner Meinung nach nur auf Selbstbetrug hinaus.

TUGEND
UND
UNTUGENDEN

Die Kardinalstugenden sind Weisheit, Besonnenheit, Gerechtigkeit und Tapferkeit.

Unter Weisheit versteht man den gesunden Menschenverstand, die Fähigkeit, sich zu überlegen, was man tun will und was für Konsequenzen daraus erwachsen können. Heutzutage zählt man diese Weisheit kaum noch zu den „Tugenden". Im Gegenteil, weil Christus gesagt hat, wir müssten werden wie die Kinder, um in seine Welt zu gelangen, denken viele Christen, es komme gar nicht darauf an, ob wir dumm sind oder nicht, solange wir nur „gut" sind. Doch das ist ein Missverständnis. Zum einen beweisen die meisten Kinder ein großes Maß an Weisheit, wenn es um Dinge geht, die sie interessieren, und machen sich darüber recht vernünftige Gedanken. Und zum andern hat Christus, wie uns der Apostel Paulus zeigt, nie gemeint, wir sollten im Blick auf unsere Intelligenz bleiben wie die Kinder. Nein, er hieß uns nicht nur, „sanft zu sein wie die Tauben", sondern auch „klug wie die Schlangen". Er will das Herz eines Kindes, aber den Kopf eines Erwachsenen. Er möchte, dass wir einfach, aufrichtig, herzlich und gelehrig sind wie gute Kinder, aber er möchte ebenso, dass wir all unsere Intelligenz einsetzen, dass wir wachsam sind und stets kampfbereit. Die Tatsache, dass wir einem Wohltätigkeitsverein eine Spende geben, entbindet uns nicht davon, zu prüfen, ob dieser Verein seriös ist oder nicht. Die Tatsache, dass wir über Gott selbst nachdenken (z.B. wenn wir beten), bedeutet nicht, dass wir uns mit denselben Vorstellungen zufrieden geben dürfen, die wir als

Fünfjährige hatten. Natürlich wird uns Gott nicht weniger lieben oder weniger gebrauchen können, wenn wir zufällig nur mit einem mittelmäßigen Verstand auf die Welt gekommen sind. Er hat auch Raum für Menschen mit sehr beschränktem Verstand, aber er erwartet von allen, dass sie den Verstand gebrauchen, den sie haben. Das Motto lautet nicht: „Sei gut, holde Maid, und lass die Klugen klug sein", sondern: „Sei gut, holde Maid, und denk daran, dass du dazu so klug sein musst wie möglich." Gott hat für intellektuelle Drückeberger genauso wenig übrig wie für alle anderen Drückeberger. Wer Christ werden will, der sei gewarnt. Er lässt sich damit auf etwas ein, was den ganzen Menschen fordert, seinen Verstand und alles andere.

Glücklicherweise funktioniert es jedoch gerade andersherum. Jeder, der ehrlich versucht, ein Christ zu sein, wird bald erkennen, dass sein Verstand an Schärfe zunimmt. Einer der Gründe, weshalb man keine besondere Ausbildung braucht, um Christ zu werden, besteht darin, dass das Christentum selbst eine Bildungsmacht ist. Darum auch konnte zum Beispiel ein „ungebildeter" Christ wie Bunyan ein Buch schreiben, das die ganze Welt in Erstaunen versetzte.

„Besonnenheit" oder „Mäßigung" ist leider ein Wort, dessen Bedeutung sich gewandelt hat. Heute versteht man darunter vor allem „Abstinenz". Doch in den Tagen, als die zweite Kardinaltugend „Mäßigung" getauft wurde, bedeutete es noch etwas anderes. Besonnenheit bezog sich nicht nur auf das Trinken, sondern auf alle Genüsse; und sie bedeutete nicht Enthaltsamkeit, sondern das Wissen von Maß und Grenze in allen Dingen. Es ist falsch zu denken, alle Christen müssten Abstinenzler sein; der Islam ist die Religion der Abstinenz, nicht das Christentum. Natürlich mag es unter gewissen Umständen die Pflicht des einen oder anderen sein, keine alkoholischen Getränke zu trinken; vielleicht, weil er nicht fähig ist, maßvoll zu trinken, oder weil er mit Menschen zusammen ist, die zur Trunkenheit neigen, und er sie nicht noch durch sein Beispiel ermuntern will. Entscheidend ist jedoch, dass er sich aus gutem Grund einer Sache enthält, die er nicht an sich verdammt und die er anderen dennoch gönnt. Es ist bezeichnend für einen bestimmten Typ schlechter Menschen, dass sie nichts aufgeben können, ohne von anderen zu verlangen, das gleiche zu tun. Doch das ist nicht die Art des Christen. Der Christ mag es aus bestimmten Gründen für angebracht halten, auf alles mögliche zu verzichten – die Ehe, den Genuss von Fleisch, von Bier oder auf den Kinobesuch. Aber in dem Moment, wo er behauptet, diese Dinge seien an sich schlecht, oder wo er auf andere herabsieht, die sie genießen, ist er auf dem falschen Weg.

Es war nicht gut, den Begriff „Mäßigkeit" so einzuschränken. Das macht uns leicht vergessen, dass wir auch in vielen anderen Dingen unmäßig sein können. Ein Mann, der den Fußball oder sein Motorrad zum Lebensinhalt werden lässt, eine Frau, deren Gedanken sich nur noch um Kleider, Bridge oder ihren Hund drehen, sind genauso „unmäßig" wie jemand, der sich jeden Abend betrinkt. Natürlich wird es nach außen hin nicht so sichtbar; wer fußball- oder bridgesüchtig ist, fällt nicht mitten auf der Straße um. Aber Gott lässt sich von solchen Äußerlichkeiten nicht täuschen.

Auch Gerechtigkeit bedeutet viel mehr als das, was sich in den Gerichtssälen abspielt. Es ist der alte Name für das, was man heute allgemein „Fairness" nennt. Dazu gehören Ehrlichkeit, Kompromissbereitschaft und Wahrhaftigkeit ebenso wie das Einhalten von Versprechen und vieles andere.

Und Tapferkeit umfasst beide Arten von Mut; den Mut, der Gefahren trotzt, wie auch den Mut, der unter Schmerzen durchhält. Wir werden natürlich sehr schnell feststellen, dass wir ohne die Tapferkeit keine der anderen Tugenden lange üben können.

Einen weiteren Punkt gibt es zu beachten. Es ist ein Unterschied, ob jemand sich in einer bestimmten Angelegenheit gerecht und besonnen verhält oder ob er ein gerechter und besonnener Mensch ist. Auch einem mittelmäßigen Tennisspieler wird hin und wieder ein Schlag gelingen. Unter einem guten Spieler verstehen wir aber einen Menschen, dessen Augen, Muskeln und Nerven durch unzählige gute Schläge so trainiert sind, dass er sich völlig auf sie verlassen kann. Ihre Kraft, ihre Fähigkeiten sind da, auch wenn er gerade nicht Tennis spielt; genauso wie es der Verstand eines Mathematikers gewöhnt ist, in einer bestimmten Art zu denken, auch wenn er sich gerade nicht mit Mathematik beschäftigt. In der gleichen Weise erhält der Charakter eines Menschen, der sich ständig bemüht, gerecht zu sein, ein bestimmtes Gepräge. Und es ist viel mehr dieses Geprägtsein, das wir mit „Tugend" meinen, als bestimmte einzelne Handlungen oder Verhaltensweisen.

Wir taugen gar nicht dazu, mit andern Welten zu verkehren. Wir haben unsere eigene mit Massaker, Qual, Syphilis, Hungersnot, Dunstglocken und allem möglichen für Ohr und Auge Scheußlichen erfüllt. Müssen wir immer weitermachen und auch noch neue Welten verseuchen?

Natürlich könnten wir auch eine Rasse vorfinden, die stärker ist als wir. In diesem Falle werden wir es, wo nicht mit Gott selbst, so doch mindestens mit Gottes Gericht im Weltraum zu tun haben. Doch einmal mehr wird das Empfangsgerät unzulänglich sein. Wir werden einfach denken, die Sache sei schiefgegangen, wenn gerechte Wesen mit Recht diejenigen vernichten, die kommen, um sie ins Elend zu stürzen.

Diese Überlegungen waren es, die mich mit veranlassten, meinen eigenen kleinen Beitrag zur Science-Fiction zu leisten. Damals stellten die Autoren dieser Literaturgattung die Bewohner anderer Welten fast automatisch als Monster und die irdischen Eindringlinge als gut dar. Unterdessen hat sich das entgegengesetzte Konzept einigermaßen eingebürgert. Wenn ich glauben könnte, dass ich zu dieser Änderung in irgendeiner Weise beigetragen hätte, so wäre ich stolz drauf.

Gott erschuf Wesen, denen er einen freien Willen gab, das heißt Wesen, die sich für oder gegen das Gute entscheiden können. Manche Menschen versuchen sich zwar ein Wesen vorzustellen, das wohl frei ist, aber keine Möglichkeit hat, sich für das Böse zu entscheiden; ich kann mir ein solches Wesen nicht vorstellen. Wenn jemand die Freiheit zum Guten hat, dann hat er auch die Freiheit zum Bösen. Und es ist die Willensfreiheit, die das Böse möglich gemacht hat.

Weshalb aber gab Gott dem Menschen einen freien Willen? Weil der freie Wille – obschon er das Böse ermöglicht – auch das einzige ist, was Liebe und Güte und Freude überhaupt möglich werden lässt. Welchen Sinn hätte eine Welt von Robotern, von Wesen, die wie Maschinen funktionieren? Das Glück, das Gott seinen höheren Geschöpfen zugedacht hat, sollte darin bestehen, dass sie freiwillig und ohne Zwang in einem Rausch von Liebe und Wonne mit ihm und miteinander vereint sein können, gegenüber dem selbst die leidenschaftlichste Liebe zwischen Mann und Frau verblassen muss. Aber dafür mussten sie frei sein.

Natürlich wusste Gott, was geschehen würde, wenn die Menschen ihre Freiheit missbrauchten; anscheinend fand der dennoch, der Versuch lohne sich. Vielleicht möchten wir ihm widersprechen. Aber damit stehen wir vor einem neuen Problem. Gott ist der Quell, aus dem unser Verstand und Denkvermögen kommen. Wir können nicht im Recht und er im Unrecht sein, so wenig wie ein Strom höher steigen kann als seine Quelle. Wenn wir gegen ihn argumentieren, so argumentieren wir gegen die Kraft, der wir die Fähigkeit zum Argumentieren verdanken; wir sägen den Ast ab, auf dem wir sitzen. Wenn Gott der Willensfreiheit, das heißt einer lebendigen Welt, in der seine Geschöpfe wirklich Gutes oder Übles tun und in der Dinge von wirklicher Bedeutung geschehen können, den Vorzug gibt vor einer Spielwelt, die sich nur bewegt, wenn er die Fäden zieht, wenn also Gott der Meinung ist, dass für diese Willensfreiheit der Kriegszustand in unserer Welt ein angemessener Preis ist, dann können wir überzeugt sein, dass dies tatsächlich so ist.

Haben wir einmal den Sinn der Willensfreiheit begriffen, so werden wir leicht einsehen, wie töricht zum Beispiel das folgende Argument ist. „Warum erschuf Gott den Menschen aus so schlechtem Material, dass er fehlschlagen konnte?" Je besser das Material, aus dem ein Wesen geschaffen ist – je klüger und stärker und freier es ist – desto besser auch das Endprodukt, wenn es richtig funktioniert, desto schlechter aber auch, wenn es sich falsch verhält. Eine Kuh kann kaum gut sein oder schlecht; ein Hund kann das schon eher. Mehr noch kann ein Kind gut sein oder schlecht; noch mehr ein normaler erwachsener Mensch. Ein Genie wiederum kann noch besser oder noch schlechter sein, und ein übermenschlicher Geist schließlich kann im höchsten Grade gut sein – oder schlecht.

Maßstab und Fortschritt

Schließt ein beständiger moralischer Maßstab Fortschritt von vornherein aus? Im Gegenteil, ohne die Voraussetzung eines unveränderlichen Maßstabs ist Fortschritt gar nicht möglich. Wenn das Gute ein Fixpunkt ist, dann haben wir immerhin die Möglichkeit, ihm näher und näher zu kommen. Wenn hingegen die Endstation genauso in Bewegung ist wie der Zug, wie kann ihr der Zug dann näherkommen? Unsere Vorstellungen über das, was gut ist, können sich wohl ändern, doch die Veränderung kann weder zum Guten noch zum Bösen sein, wenn es nicht ein absolutes und unverrückbares Gutes gibt, dem sie sich annähern oder von dem sie sich entfernen können. Wir können bei einer Rechnung nur dann der Lösung immer näher kommen, wenn die eine vollkommen richtige Lösung „stagniert".

Ethik und Moral

Es gibt in der modernen Welt viele Leute, die uns, wie sie sagen, eine neue Moral anbieten. Doch … es kann keinen moralischen Beweggrund dafür geben, sich auf eine neue Moral einzulassen, ohne dass dieser Beweggrund der überlieferten Moral entnommen wird, und die ist weder christlich noch heidnisch, weder östlich noch westlich, weder antik noch modern, sondern universal. Damit erhebt sich die Frage, wie vernünftig es ist, eine Maxime anzunehmen und die übrigen abzulehnen. Wenn die übrigen Maximen keine Gültigkeit haben, was hat dann die eine, die sie zur Annahme erwählt haben, für eine Gültigkeit? Wenn sie Gültigkeit hat, warum haben die andern keine? So mag ein Humanwissenschaftler uns zureden, wir sollten uns unserer ererbten *Tabu*-Moral, wie er es vielleicht nennt, entledigen und einsehen, dass das einzige Ziel die totale Nutzbarmachung der Natur für das Wohl und die Sicherheit unserer Nachwelt sei. Seine Lehre kollidiert mit meiner etwa dort, wo er, sagen wir, die obligatorische Euthanasie für Betagte oder Behinderte fordert. Jedoch die Pflicht, für die Nachwelt zu sorgen, auf die er seine ganze Lehre gründet, hat keine andere Quelle als dieselbe Überlieferung, die mir gebietet, meine Eltern zu ehren und nicht zu töten (ein Verbot, das ich genauso in der *Völsupa* finde wie im Dekalog). Wenn ich, wie er mir weismachen will, von der Überlieferung, die mich meine Pflicht gegen die Eltern gelehrt hat, irregeführt worden bin, wie kann ich dann wissen, dass ich nicht genauso irregeführt werde, wenn sie mir eine Pflicht gegen die Nachwelt auferlegt? Oder denken wir uns einen fanatischen Nationalisten, der uns aufruft, unsere antiquierten Skrupel wegen einer universalen Gerechtigkeit und Güte über Bord zu werfen und eine Lehre anzunehmen, nach der einzig und allein der Reichtum und die Macht unseres eigenen Landes zählt. Die Schwierigkeit bleibt dieselbe: Ich habe an gleicher Stelle von der Pflicht gegen mein Vaterland gehört, an der ich auch von einer allgemeinen Pflicht gegen die Menschen um ihres Menschseins willen gehört habe. Wenn die Überlieferung bezüglich der einen Pflicht falsch ist, auf welcher Grundlage verlangt der Nationalist dann von mir, ich solle glauben, dass sie bezüglich der andern richtig sei? Mit dem Kommunisten ist es dasselbe. Ich gehe ohne weiteres mit ihm einig, dass Ausbeutung ein Übel ist und dass die, welche die Arbeit tun, auch den Gewinn ernten sollten. Aber das glaube ich nur, weil ich gewisse überlieferte Ideen von Gerechtigkeit anerkenne. Wenn er nun weitergeht und Gerechtigkeit als einen Teil meiner *bourgeoisen* Ideologie angreift, dann entzieht er mir gerade dadurch die Grundlage, auf der er vernünftigerweise von mir verlangen kann, dass ich seinen neuen kommunistischen Kodex annehme.

Seien wir uns also ganz klar darüber, dass es in einem gewissen Sinne ebenso unmöglich ist, eine neue Ethik zu erfinden, wie eine neue Sonne an den Himmel zu setzen. Immer muss das eine oder andere Gebot der überlieferten Moral vorausgesetzt werden. Unser Ausgangspunkt ist nie eine *Tabula rasa*. Neue Morallehren können nur Einschränkungen oder Erweiterungen von etwas sein, was bereits gegeben ist. Und all die spezifisch modernen Versuche neuer Morallehren sind Einschränkungen. Sie entstehen dadurch, dass manche der überlieferten Regeln festgehalten und andere verworfen werden; dabei steht hinter dem, was man festhält, genau die gleiche Autorität, über die man sich in dem, was man verwirft, hinwegsetzt. Natürlich wird diese Inkonsequenz vernebelt; für gewöhnlich dadurch, dass man, wie wir gesehen haben, gar nicht wahrhaben will, dass die Gebote, die man beibehält, moralische Gebote sind.

Doch viele andere Gründe helfen mit, das zu vertuschen. Wie im Leben des Einzelnen, so gibt es auch in dem einer Gemeinschaft besondere Umstände, unter denen sich die Wertmaßstäbe für eine gewisse

Zeit in das eine oder andere Extrem verschieben. Wenn wir verliebt sind, scheint uns die Geliebte, wenn wir krank sind, die Gesundheit, wenn wir arm sind, Geld, wenn wir Angst haben, Sicherheit das einzig Erstrebenswerte zu sein. Darum fällt es demjenigen, der zu einer von Begeisterung gepackten Klasse, Nation oder kulturellen Gruppe spricht, nicht schwer, sie auf die verhängnisvolle Idee zu bringen, eine bestimmte Sache sei von so großem Wert, dass man sie um jeden Preis erreichen und um ihretwillen eine exzentrische Morallehre aufstellen müsse. Selbstverständlich ist es keine wirklich neue Lehre. Was immer das Ziel auch sei, die Idee, dass ich es meiner Gruppe, Klasse oder Nation zuliebe auf Kosten meiner persönlichen Bedürfnisse verfolgen müsse, hat keine Autorität, es sei denn die, welche sie aus der überlieferten Moral ableitet. Doch das wird in der Begeisterung des Augenblicks übersehen.

Außerdem: Kann man nicht sagen, dass die ethischen Unterschiede zwischen den verschiedenen Kulturen sehr stark übertrieben werden? Die unser ganzes Denken beherrschende Vorstellung verbirgt sich in dem Wort „Ideologie", insofern dieses Wort besagt dass die gesamten moralischen und philosophischen Anschauungen eines Volkes ausschließlich durch seine Produktionsmethoden, seine Wirtschaft und seine geographische Lage bedingt seien. So gesehen, müsste es tatsächlich Unterschiede zwischen den Ideologien geben, nicht anders als zwischen Sprachen und Bräuchen, und zwar wesentliche Unterschiede. Aber stimmt das wirklich? Vieles aus der Anthropologie könnte es uns auf den ersten Blick nahe legen, diese

Frage zu bejahen. Doch wenn ich auf einem Gebiet, in dem ich keineswegs Experte bin, eine Meinung äußern darf, so möchte ich behaupten, dass dieser Schein trügt. Ich denke, man ist zu dieser Auffassung gekommen, weil man sich ausgerechnet auf die Elemente in jeder Kultur konzentriert hat, die sich am meisten voneinander unterschieden (sexuelles Verhalten und religiöse Rituale), und weil man sich zudem zu ausschließlich auf die Untersuchung primitiver Kulturen verlegt hat. Bei manchen Leuten habe ich sogar die Tendenz gefunden, den primitiven Menschen als den normalen oder archetypischen Menschen zu betrachten. Aber in Wirklichkeit ist er der Ausnahme-Mensch. Es mag ja stimmen, dass wir alle einmal primitive Menschen gewesen sind, so wie es sicher stimmt, dass wir alle einmal Säuglinge waren. Aber wir betrachten den Geistesschwachen, der als Erwachsener immer noch ist, was er (intellektuell) in der Wiege war, nicht als normalen Menschen. Der Primitive hat genauso viele Generationen von Vorfahren gehabt wie der zivilisierte Mensch; dieser Mensch hat in genauso vielen Jahrhunderten entweder nicht gelernt oder vergessen, was die übrige Menschheit weiß. Ich sehe nicht ein, warum wir die Vielfalt und Besonderheit primitiver Sitten und Gesetze (die selbst oft übertrieben werden) so viel Bedeutung beimessen sollten. Und wenn wir uns dem zivilisierten Menschen zuwenden, dann, behaupte ich, werden wir in der ethischen Gesetzgebung weit weniger Unterschiede finden, als man heute gemeinhin annimmt. Eine Kultur wie die andere wird uns in triumphaler Monotonie dieselben unerlässlichen Gemeinplätze vor Augen führen. Die Vorstellung, dass irgendeine der Morallehren, die uns heute angeboten werden, eine bereits bestehende, nahezu unbegrenzte Vielzahl von Lehren einfach noch um eine vergrößere, deckt sich nicht mit den Tatsachen. Eigentlich kann man gar nicht sagen, es gebe verschiedene Morallehren, so wie es verschiedene Sprachen oder verschiedene Religionen gibt.

…

Ich bestreite, dass wir irgendeine Wahl zwischen klar unterschiedenen ethischen Systemen treffen können. Ich bestreite, dass wir irgendwelche Fähigkeiten haben, ein neues ethisches System zu schaffen. Ich behaupte, dass wir, wo immer und wann immer ethische Auseinandersetzung beginnt, einen schon bestehenden ethischen Kodex vorfinden, den wir als gültig anerkannt haben müssen, ehe wir auch nur daran Kritik üben können. Denn wir können keine der überlieferten Vorschriften ethisch in Frage stellen, es sei denn auf Grund irgendeiner andern überlieferten Vorschrift. Wir mögen die bestehenden Vorstellungen über Gerechtigkeit angreifen, weil sie verhindern, dass alle Menschen genug zu essen haben; aber die Pflicht, dafür zu sorgen, dass Hungrige gesättigt werden, haben wir aus dem weltweiten Kodex übernommen. Wir mögen den Patriotismus auf Kosten der Barmherzigkeit hochhalten; doch es war der alte Kodex, der uns befahl, unser Land zu lieben. Wir mögen unsere Großväter vivisezieren, um unsere Enkel einmal vor Krebs zu bewahren; aber wenn wir alle überlieferten moralischen Maßstäbe wegwerfen, warum sollten wir uns dann noch um unsere Enkel kümmern?

…

Ich schicke Sie zurück zu Ihrer Kinderfrau und zu Ihrem Vater, zu allen Dichtern und Weisen und Gesetzgebern, denn ich bin überzeugt, dass Sie in einem gewissen Sinne schon dort sind, ob Sie es erkannt haben oder nicht; dass es wirklich keine ethische Alternative gibt; dass die, welche uns nötigen, eine neue Moral anzunehmen, uns weiter nichts anbieten als den verstümmelten oder willkürlich „gesäuberten" Text eines Buches, von dem wir bereits das ursprüngliche Manuskript haben. Sie alle wollen, dass wir uns auf sie verlassen statt auf dieses Original. Und damit berauben sie uns unserer vollen Menschlichkeit. Ihr Wirken ist auf lange Sicht immer gegen unsere Freiheit gerichtet.

Recht und Unrecht

Ich möchte den Leser bitten, einmal zu überlegen, was völlig gegensätzliche sittliche Auffassungen bedeuten würden. Stellen wir uns ein Land vor, in dem Fahnenflüchtige bewundert werden oder wo jemand darauf stolz ist, seine besten Freunde zu betrügen. Genauso gut könnten wir uns ein Land vorstellen, in dem zwei mal zwei fünf ist. Es gab unterschiedliche Auffassungen darüber, gegen wen man sich uneigennützig zeigen sollte – ob nur gegenüber der eigenen Familie, den eigenen Landsleuten oder gegenüber jedermann. Aber immer bestand darin Übereinstimmung, dass man nicht zuerst an sich selbst denken soll. Die Selbstsucht wurde nie bewundert. Man war unterschiedlicher Meinung darüber, ob ein Mann eine oder vier Frauen haben durfte. Es herrschte aber jederzeit Übereinstimmung darüber, dass man nicht einfach jede Frau besitzen durfte.

Am bemerkenswertesten aber ist, dass auch ein Mensch, der behauptet, er glaube nicht an ein Recht und Unrecht, immer wieder auf diese Unterscheidung zurückgreift. Vielleicht bricht er selbst ein Versprechen, das er uns gegeben hat – aber sobald wir versuchen, unser Versprechen ihm gegenüber ebenfalls nicht einzuhalten, beschwert er sich im Nu und sagt, wir seien nicht fair. Ein Staat mag erklären, Verträge seien nicht wichtig: im nächsten Augenblick jedoch widerlegt er sein eigenes Argument mit der Behauptung, der von ihm für unwichtig erklärte Vertrag sei ungerecht. Aber wenn Verträge wertlos sind und wenn es so etwas wie Recht und Unrecht nicht gibt – mit anderen Worten, wenn es kein natürliches Gesetz gibt –, was ist dann der Unterschied zwischen einem gerechten und einem ungerechten Vertrag? Hat ein solcher Staat damit nicht die Katze aus dem Sack gelassen und zugegeben, dass ihm, was immer er auch sagen mag, das Naturrecht genauso bekannt ist wie allen anderen?

Wir können also nicht umhin, an ein gültiges Recht und Unrecht zu glauben. Vielleicht haben wir manchmal falsche Vorstellungen davon, so wie man beim Rechnen Fehler machen kann. Aber Recht und Unrecht sind so wenig eine Frage des bloßen Geschmacks oder der Auffassung wie das große Einmaleins.

Ich will keine Moralpredigten halten, und ich komme mir – weiß der Himmel – keinen Deut besser vor als andere. Ich versuche nur, auf eine Tatsache aufmerksam zu machen; die Tatsache nämlich, dass wir selbst uns in diesem Jahr, in diesem Monat oder, was noch wahrscheinlicher ist, bereits heute nicht so verhalten haben, wie wir es von anderen erwarten.

Vielleicht können wir allerlei Entschuldigungen vorbringen. Damals, als wir die Kinder so ungerecht behandelten, waren wir müde. Und jene dunkle Geldangelegenheit – die schon beinahe vergessen ist – passierte, als wir gerade in der Klemme saßen. Und was wir damals dem alten Herrn versprochen und nie gehalten haben – nun, wenn wir gewusst hätten, was noch alles auf uns zukommen würde, hätten wir das Versprechen bestimmt nie gegeben. Und was unser Verhalten der eigenen Frau (oder dem Mann) und der Schwester (oder dem Bruder) gegenüber angeht: „Wenn die wüssten, wie sie einem auf die Nerven gehen können, würden sie sich darüber nicht wundern. Und überhaupt – wer sind Sie eigentlich?" Ja, ich bin auch nicht besser. Auch mir gelingt es kaum, der Satzung der Natur zu folgen, und sobald mir jemand ein Versäumnis vorwirft, taucht in meinem Gehirn ein ganzer Schwarm von Entschuldigungen auf. Dabei geht es im Moment nicht darum, ob diese Entschuldigungen stichhaltig sind oder nicht. Wesentlich ist vielmehr, dass sie ein weiterer Beweis dafür sind, wie tief dieses Gesetz in uns verankert ist, ob wir das wollen oder nicht.

Wenn wir nicht an ein Sittengesetz glauben, warum liegt uns dann soviel daran, uns zu entschuldigen, wenn wir uns einmal nicht „richtig" verhalten haben? In Wahrheit glauben wir so sehr daran, wir fühlen die Verpflichtung durch das Gesetz oder die Regel so stark, dass wir den Gedanken, dagegen zu verstoßen, nicht ertragen können und deswegen die Verantwortung von uns abzuwälzen versuchen. Denn wohlgemerkt, wir suchen all diese Erklärungen nur für unser schlechtes Verhalten. Nur für unsere Missstimmungen machen wir Müdigkeit, Sorgen oder Hunger verantwortlich; gute Laune schreiben wir uns selber zu.

Den richtigen Trieb stärken

Wenn zwei Triebe in Konflikt miteinander geraten und der Sinn eines Menschen ausschließlich von diesen beiden Trieben bestimmt wird, dann muss, so sollte man meinen, der stärkere die Oberhand gewinnen. Doch befiehlt uns das moralische Gesetz nicht immer dann, wenn wir uns seiner am stärksten bewusst sind, uns für den schwächeren der beiden Impulse zu entscheiden? Wir *wolle*n uns eigentlich lieber in Sicherheit bringen, als dem Ertrinkenden zu helfen. Aber das moralische Gesetz verlangt von uns, ihm trotzdem zu helfen. Und befiehlt es uns nicht oft, den richtigen Trieb zu unterstützen und stärker zu machen, als er von Natur aus ist? Ich will damit sagen: Wir fühlen uns oft verpflichtet, unseren Gemeinschaftssinn anzureizen, indem wir unsere Einbildungskraft anregen oder unser Mitleid wachrufen, um so genügend Energie zu gewinnen, das Richtige zu tun. Aber wir handeln bestimmt nicht aus dem Trieb heraus, wenn wir einen Trieb gezielt stärker werden lassen, als er an sich ist. Die Stimme, die uns sagt: „Dein Gemeinschaftssinn schläft. Weck ihn auf!" kann nicht der Gemeinschaftssinn selbst sein. Das, was uns sagt, welche Taste auf dem Klavier anzuschlagen ist, kann nicht die Taste selbst sein.

Die schlimmste Sünde

Nach Auffassung der großen Kirchenväter ist der Hochmut, der Stolz, die schlimmste aller Sünden, das Böse an sich. Unkeuschheit, Jähzorn, Habgier, Trunksucht und ähnliches sind im Vergleich zu ihr nur Mückenstiche. Der Stolz brachte Luzifer zu Fall, der Stolz ist die Quelle aller Sünden. Er ist der Ausdruck völliger Gottferne.

Wem dies übertrieben erscheint, der denke noch einmal darüber nach. Ich sagte bereits, je hochmütiger jemand sei, umso mehr werde er den Hochmut bei anderen verdammen. Will man feststellen, wie hochmütig man selbst ist, so muss man sich nur fragen: „Wie sehr kränkt es mich, wenn andere mich abweisen, mich übergehen, sich selber vordrängen, mich von oben herab behandeln oder sich aufspielen?"

Das Problem besteht nämlich darin, dass der Hochmut jedes Einzelnen im Wettstreit liegt mit dem Hochmut aller anderen. Ich wollte bei der Party selbst der Mittelpunkt sein – deshalb ärgert es mich so, wenn ein anderer es ist. Gleich und gleich gesellt sich nicht mehr gern. Das müssen wir festhalten. Der Stolz lebt wesensmäßig von der Konkurrenz mit den anderen, während bei den übrigen Lastern die Menschen gewissermaßen nur zufällig miteinander im Wettstreit liegen. Der Hochmut freut sich nicht an dem, was er hat, sondern daran, dass er mehr hat als ein anderer. Wir sagen, die Menschen seien stolz auf ihren Reichtum, ihre Klugheit oder ihre Schönheit. Aber das ist nicht richtig. Sie sind stolz, weil sie reicher oder klüger oder schöner sind als andere. Wären alle anderen genauso reich, genauso klug oder genauso schön, dann hätten sie keinen Grund mehr, stolz zu sein. Hochmut erwächst aus dem Vergleich mit anderen; er ist das Vergnügen, anderen überlegen zu sein. Wo kein Vergleich möglich ist, da gibt es auch keinen Hochmut mehr. Darum behaupte ich, dass der Hochmut in einer Weise von der Konkurrenz lebt, die wir bei den anderen Lastern nicht finden.

...

Es ist kein Hochmut, sich über ein Lob zu freuen. Ein Kind, das gelobt wird, weil es seine Aufgabe gut gemacht hat, eine Frau, deren Schönheit von ihrem Geliebten bewundert wird, die gerettete Seele, zu der Christus sagt: „Du guter und getreuer Knecht“, sie alle freuen sich über das Lob, und das mit Recht. Denn hier wird nicht über das Freude empfunden, was man ist, sondern darüber, dass man einem anderen eine Freude machen konnte. Solange der Gedanke vorherrscht: „Ich habe ihm Freude bereitet – ach, wie macht mich das glücklich!“, ist alles in Ordnung. Problematisch wird es erst, wenn man denkt: „Was bin ich doch für ein feiner Kerl! Wie habe ich das wieder gemacht!" Je mehr wir von uns selbst entzückt sind und je weniger wir uns über das Lob selbst freuen, desto schlimmer steht es um uns. Wenn wir völlig von uns selbst eingenommen sind und uns kein Lob mehr kümmert, dann haben wir den tiefsten Punkt erreicht.

Demut

Gott versucht, die Demut in unser Herz zu pflanzen, damit wir an diesen Punkt kommen können; er will uns befreien von all den närrischen, hässlichen Kostümen, in denen wir umhertappen und uns verstecken möchten. Ich wollte, ich wüsste selbst schon etwas mehr, was Demut ist. Dann könnte ich besser beschreiben, welche Erleichterung, welcher Trost es ist, endlich das Kostüm und die Maske abnehmen zu können, endlich das falsche Selbst mit all seinen: „Seht mich an!", „Bin ich nicht ein toller Kerl!", mit all seinem Theater und allen Vorstellungen loswerden zu können. Von der Demut Gottes auch nur angerührt zu werden, bedeutet so viel, wie dem in der Wüste Verdurstenden eine Oase mit frischem, kühlem Wasser bedeutet.

Der wahrhaft demütige Mensch erweckt keineswegs *den* Eindruck von Demut, den wir mit dem Wort heute verbinden. Er ist kein schmieriger, kriecherischer Typ, der uns ständig erzählt, dass er – natürlich – völlig unbedeutend sei. Im Gegenteil! Er *wird* auf uns eher den Eindruck eines aufgeschlossenen und heiteren Menschen machen, der sich wirklich für das interessiert, was andere ihm erzählen.

Wenn wir ihn nicht mögen, dann deshalb, weil wir ein bisschen neidisch sind auf jeden, der das Leben so scheinbar leicht nimmt. Er wird nicht über die Demut nachdenken, er wird sich selbst nicht so wichtig nehmen.

Jedem, der demütig werden möchte, kann ich folgendes raten. Der erste Schritt besteht darin, zu erkennen, dass wir stolz und hochmütig sind. Das ist bereits ein großer Schritt. Aber wenn wir ihn nicht tun, kommen wir nicht weiter. Wer von sich meint, er sei nicht stolz, der beweist nur, dass er es tatsächlich ist.

ÜBER DAS
DENKEN
UND DIE NATUR

Erfahrung

Was wir aus der Erfahrung lernen, hängt von der Philosophie ab, die wir an die Erfahrung herantragen. Deshalb ist es zwecklos, an die Erfahrung zu appellieren, bevor wir nicht die philosophische Frage, so gut wir können, geklärt haben.

Die einfachste Sache der Welt

Wenn ich sage, dass Denken nichts Materielles ist, meine ich nicht, dass es etwas irgendwie Mysteriöses ist. In einem gewissen Sinn ist Denken die einfachste Sache der Welt. Wir tun es den lieben langen Tag. Wir kennen es weit besser, als wir die Materie kennen. Der Gedanke ist das, wovon wir ausgehen: die einfache, vertraute, unmittelbare Gegebenheit. Die Materie ist das, was wir folgern, das Geheimnis.

Von Gott entfacht

Die traditionelle Lehre, nach der ich ein Geschöpf bin, dem Gott wohl Vernunft gegeben hat, das sich aber von Gott unterscheidet, erscheint mir weit philosophischer als die Theorie, dass alles, was als mein Denken erscheint, nur Gottes Denken durch mich ist. In letzterem Fall lässt sich nur unter größten Schwierigkeiten erklären, was eigentlich geschieht, wenn ich zwar korrekt denke, aber zu dem falschen Schluss komme, weil ich nämlich über die Tatsachen nicht richtig informiert war. Ich verstehe nicht, warum Gott – der die Tatsachen doch wohl kennt – sich die Mühe machen sollte, einen seiner vollkommenen rationalen Gedanken durch einen Geist zu denken, in dem dieser Gedanke Irrtümer hervorbringen *muss*. Noch weniger verstehe ich, warum Gott all mein folgerichtiges Denken, wenn es in Wirklichkeit von ihm stammt, fälschlicherweise für meines halten sollte oder aber mich dazu veranlassen sollte, es für meines zu halten. Es erscheint mir als viel wahrscheinlicher, dass das menschliche Denken nicht Gottes ist, sondern von ihm entfacht wird.

Wahrheit und Wirklichkeit

Nachdem der Mensch seine Außenwelt erforscht hat, hat er nun begonnen, sich selbst zu erforschen. Bis dahin hatte er seine eigene Vernunft gelten lassen und durch sie alle anderen Dinge gesehen. Heute ist die Vernunft selbst zum Objekt geworden – es ist, als ob wir unsere Augen herausnähmen, um sie zu untersuchen. So betrachtet, erscheint nun die Vernunft als eine Begleiterscheinung chemischer oder elektrischer Vorgänge im Gehirn, das seinerseits das Zufallsprodukt eines blinden Evolutionsprozesses ist. Die Logik, bis jetzt königliche Hoheit, der die Ereignisse in allen nur denkbaren Welten gehorchen mussten, wird rein subjektiv. Es gibt keinen Grund anzunehmen, dass sie die Wahrheit wiedergibt.

Solange diese Entthronung bloß die theoretische Vernunft betrifft, kann sie nicht konsequent sein. Nur schon, um beweisen zu können, dass die Vernunft rein subjektiv sei, muss der Wissenschaftler die Stichhaltigkeit seiner Logik voraussetzen (in der mannhaften alten Weise Platos oder Spinozas), und darum kann er mit dem Subjektivismus höchstens kokettieren.

Es ist wahr, diese Koketterie geht manchmal sehr weit. Es soll moderne Wissenschaftler geben, die Begriffe wie *Wahrheit* und *Wirklichkeit* aus ihrem Wortschatz gestrichen haben und der Überzeugung sind, dass es nicht Ziel ihrer Arbeit sei, Erkenntnis zu erlangen, sondern bloß, praktische Resultate hervorzubringen. Das ist zweifellos ein schlechtes Zeichen. Aber im Großen und Ganzen ist der Subjektivismus in der Forschung ein so hinderlicher Gefährte, dass der Gefahr auf diesem Gebiet ständig entgegengewirkt wird.

Wenn wir uns jedoch der praktischen Vernunft zuwenden, sehen wir, wie sich hier die verheerenden Folgen in ihrer ganzen Stärke auswirken. Unter praktischer Vernunft verstehe ich unser Urteil über Gut und Böse. Wenn Sie erstaunt sind, dass ich das überhaupt zur „Vernunft" zähle, dann lassen Sie mich darauf hinweisen, dass Ihr Erstaunen selbst eine Folge des Subjektivismus ist, von dem ich gerade rede. Bis zur Neuzeit hat kein Denker von Rang jemals bezweifelt, dass unsere Werturteile Vernunfturteile sind oder dass das, was sie uns enthüllen, objektiv ist. Es stand außer Frage, dass in Versuchungen der Trieb gegen die Vernunft, und nicht gegen irgendein Gefühl, kämpfte. So dachte Plato, so Aristoteles, so dachten Hooker, Butler und Dr. Johnson. Die moderne Auffassung ist sehr anders. Sie betrachtet Werturteile überhaupt nicht als richtige Urteile. Sie sind Gefühle, Komplexe oder Haltungen, die im Zusammenleben durch den Druck von Umwelt und Überlieferung entstanden und von Gesellschaft zu Gesellschaft verschieden sind. Wenn wir sagen, eine Sache sei gut, so bringen wir lediglich unser Gefühl darüber zum Ausdruck; und unser Gefühl darüber ist das Gefühl, zu dem wir gesellschaftlich konditioniert worden sind.

Wenn das aber stimmt, dann hätten wir ja konditioniert werden können, andere Gefühle zu haben. „Vielleicht", denkt der Reformer oder der Bildungsexperte, „wäre das gar nicht schlecht. Auf, lasst uns unsere Moral verbessern!" Aus dieser scheinbar so harmlosen Vorstellung kommt die Krankheit, die der menschlichen Gattung mit Sicherheit das Ende bringen wird (und nach meiner Überzeugung unserer Seele die Verdammnis), wenn wir sie nicht überwinden: der verhängnisvolle Aberglaube, dass der Mensch Werte schaffen kann, dass eine Gesellschaft ihre „Ideologie" wählen kann, wie man seine Kleider wählt. Jedermann war empört über die Deutschen, die Gerechtigkeit als das definierten, was dem Dritten Reich nützt. Aber vielen kommt es nicht in den Sinn, dass diese Empörung völlig unbegründet ist, wenn wir selbst Moral als eine Sache der subjektiven Meinung betrachten, die man nach Lust und Laune ändern kann. Wenn es keine objektive Norm für das Gute gibt, die ebenso die Deutschen wie die Japaner wie auch uns betrifft, unabhängig davon, ob einer von uns ihr gehorcht oder nicht, dann waren die Deutschen genauso berechtigt, sich ihre Ideologie zu schaffen, wie wir uns die unsere. Wenn „gut" und „besser" Ausdrücke sind, die ihre Bedeutung einzig und allein aus der Ideologie eines Volkes ableiten, dann kann nicht eine Ideologie besser oder schlechter sein als die andere. Wenn der Maßstab nicht unabhängig ist vom zu messenden Gegenstand, dann können wir nicht messen. Aus dem gleichen Grund ist es sinnlos, die moralischen Vorstellungen eines Zeitalters an denen eines andern zu messen; die Worte „Fortschritt" und „Zerfall" werden beide gleich nichtssagend.

All das ist so offensichtlich, dass in jeder dieser Aussagen alle anderen enthalten sind. Wie wenig es jedoch heute verstanden wird, kann man am Vorgehen des Sittenreformers ablesen, der sich, nachdem er gesagt hat, „gut" bedeute, „was wir konditioniert seien, zu mögen", fröhlich daranmacht zu überlegen, ob es vielleicht „besser" wäre, wenn wir dazu konditioniert wären, etwas anderes zu mögen. Was um Himmels willen versteht er unter „besser"?

Meistens sitzt irgendwo in seinem Hinterkopf die Vorstellung, dass er, wenn er die überlieferten Werturteile über Bord wirft, etwas anderes, etwas „Reelleres" oder „Vernünftigeres" finden wird, um darauf ein neues Wertsystem zu gründen. Er sagt zum Beispiel: „Wir müssen irrationale Tabus aufgeben und unsere Werte auf die Förderung des Allgemeinwohls gründen!" – als wäre die Maxime: „Du sollst das Allgemeinwohl fördern" etwas anderes als eine aufgeblähte Variante des Grundsatzes: „Tu, wie du willst, dass man dir tu", der seinerseits keine andere Grundlage hat als die alten, weltweisen Wertvorstellungen, die er abzulehnen behauptet. Oder er wird versuchen, seine Werte auf die Biologie zu gründen, und uns sagen, wir müssten uns so und so verhalten, um unsere Spezies vor dem Untergang zu bewahren. Offenbar erwägt er nicht einmal die Frage: „Warum sollte unsere Spezies bewahrt werden?“ Er nimmt es für selbstverständlich, dass sie das sollte, denn in Wirklichkeit stützt er sich auf die überlieferten Wertvorstellungen. Wenn er, wie er vorgibt, vom Nichts ausginge, könnte er niemals zu diesem Grundsatz kommen. Manchmal versucht er es dadurch, dass er auf den „Trieb“ zurückgreift. „Wir haben einen Trieb zur Erhaltung unserer Gattung“, sagt er vielleicht. Aber haben wir das? Und wenn ja – wer befiehlt uns, unseren Trieben zu gehorchen? Und warum sollten wir auf Kosten vieler anderer Triebe, die sich mit der Arterhaltung nicht vertragen, ausgerechnet diesem einen gehorchen? Dass man manchen Trieben mehr gehorchen muss als anderen, weiß der Reformer nur darum, weil er die Triebe nach einem Maßstab einstuft, und der Maßstab ist, einmal mehr, die überlieferte Moral, die er aufzuheben vorgibt. Die Triebe selbst können uns offensichtlich keine Grundlagen dazu liefern, eine abgestufte Triebhierarchie aufzustellen. Wenn Sie zu ihrer Untersuchung das Wissen, in welcher Reihenfolge sie zu berücksichtigen sind, nicht schon *mitbringen,* dann werden Sie es niemals aus ihnen *herausbekommen.*

Dieser ganze Versuch, die überlieferten Werte als etwas Subjektives über Bord zu werfen und durch ein neues Wertsystem zu ersetzen, ist falsch. Es ist, als wollte man sich am eigenen Mantelkragen hochheben. Lassen wir uns zwei Grundsätze mit unauslöschlicher Tinte ins Herz schreiben:

1. Der Menschengeist hat nicht mehr Macht, einen neuen Wert zu erfinden, als eine neue Sonne an den Himmel oder eine neue Grundfarbe ins Spektrum zu setzen.

2. Jeder Versuch, es zu tun, besteht darin, dass man willkürlich irgendeine Maxime der überlieferten Moral herausgreift und sie, vom Rest isoliert, zum *unum necessarium* erhebt.

...

Darum müssen wir jede Vorstellung von einer „neuen" oder „wissenschaftlichen" oder „modernen" Moral als bloße Gedankenverwirrung von uns weisen. Wir haben nur zwei Alternativen. Entweder müssen die Maximen der überlieferten Moral als Axiome der praktischen Vernunft anerkannt werden, die eine Beweisführung zu ihrer Erhärtung weder zulassen noch erfordern und die nicht zu „sehen", einem Verlust des Menschseins gleichkäme; oder aber es gibt gar keine Werte, und was wir irrtümlicherweise für Werte gehalten haben, waren nur „Projektionen" irrationaler Gefühle. Wenn wir einmal mit der Frage: „Warum sollten wir ihr gehorchen?" die überlieferte Moral abgetan haben, dann ist es völlig sinnlos, auf einer späteren Stufe eine Wiedereinführung von Werten in unsere Weltanschauung anzustreben. Jeder Wert, den wir wieder einführen, kann auf die gleiche Art widerlegt werden. Jedes Argument, das wir zu seiner Beglaubigung vorbringen, ist ein Versuch, aus einer Aussage im Indikativ eine Folgerung im Imperativ abzuleiten. Und das ist unmöglich.

Können wir die Auffassung, dass das menschliche Denken *nur* menschlich sei, konsequent durchhalten? Dass es lediglich ein zoologisches Merkmal des Homo sapiens sei, in bestimmten Bahnen zu denken; dass es in keiner Weise nichtmenschliche oder universale Wirklichkeit (aus der es doch zweifellos hervorgegangen ist) reflektiere? Im Augenblick, wo wir diese Frage stellen, kommen wir nicht mehr weiter. An diesem Punkt fragen wir nämlich, ob eine bestimmte Ansicht über das menschliche Denken wahr sei, und die Ansicht, um die es geht, ist gerade die, dass das menschliche Denken *nicht* wahr, dass es keine Reflexion der Wirklichkeit sei. Und diese Ansicht selbst ist ein Gedanke. Wir fragen mit anderen Worten: „Ist der Gedanke, dass alles Denken nicht wahr sei, selber wahr?“ Antworten wir mit Ja, so widersprechen wir uns selbst. Denn wenn alles Denken nicht wahr ist, dann ist auch dieser Gedanke nicht wahr.

Ein absoluter Skeptizismus bezüglich des menschlichen Denkens ist daher von vornherein ausgeschlossen. Wir können nie eine absolut skeptische Haltung einnehmen, weil wir sie immer nur formulieren können, indem wir das, was wir gerade denken, stillschweigend davon ausnehmen – genau wie einer, der einen Neuankömmling warnt: „Vertrauen Sie niemandem in diesem Büro!“, immer damit rechnet, dass man ihm im selben Augenblick vertraut. So können wir also, was immer auch geschehen mag, allerhöchstens beschließen, eine gewisse Kategorie menschlicher Gedanken „nur menschlich", oder subjektiv zu nennen und andere hingegen nicht. Eine Sorte Gedanken und sei sie auch noch so klein, darf nicht als bloße Auswirkung der Arbeitsweise unseres Gehirns verstanden werden, sondern muss als wahre Einsicht, als Reflexion der Wirklichkeit im menschlichen Bewusstsein betrachtet werden.

Eine allgemein übliche Unterscheidung ist die zwischen sogenannt wissenschaftlichem Denken und anderen Arten von Denken. Es gilt weithin als gegeben, dass wissenschaftliches Denken uns mit der Realität in Berührung bringt und dass moralisches oder metaphysisches Denken das nicht tut. Nach dieser Auffassung machen wir eine Aussage über die Realität, wenn wir feststellen, dass das Universum ein Raum-Zeit-Kontinuum ist; wenn wir hingegen erklären, dass das Universum sinnlos sei oder dass jeder Mensch sein Auskommen haben sollte, so beschreiben wir bloß unsere subjektiven Gefühle. Darum sind die Figuren in modernen Geschichten von der Gattung der Science-Fiction, wie die Amerikaner es nennen, – Geschichten über unbekannte Arten, die auf anderen Planeten oder in der Tiefe des Meeres leben – gewöhnlich als Wesen dargestellt, die völlig ohne unsere moralischen Maßstäbe sind, aber unsere wissenschaftlichen Maßstäbe anerkennen. Im Klartext heißt das nichts anderes, als dass wissenschaftliches Denken, da es objektiv ist, für alle Geschöpfe gleich bleibt, sofern sie überhaupt vernünftig denken können, während moralisches Denken, da es bloß eine so subjektive Angelegenheit ist wie etwa der persönliche Geschmack, vermutlich von Art zu Art variiert.

Doch diese Unterscheidung zwischen wissenschaftlichem und nicht-wissenschaftlichem Denken wird der Belastungsprobe schwerlich standhalten, der wir sie gleich unterziehen wollen. Der Kreis des wissenschaftlichen Denkens geht vom Experiment zur Hypothese und von ihr zur Verifikation und zu einer neuen Hypothese. Experiment heißt Sinneserfahrung anhand spezieller Anordnung. In der Verifikation ist die Folgerung enthalten: „Falls X existiert (X = Hypothese), müssten wir unter der Bedingung Y die Erfahrung Z machen (Z = Verifikation)". Also schaffen wir die Bedingung Y (Experiment), und Z erscheint. Daraus folgern wir, dass X existiert. Nun ist es eindeutig, dass der einzige Teil dieses Denkprozesses, der uns irgendeiner Realität außerhalb unserer selbst versichert, genau der Rückschluss: „Wenn X, dann Z" ist, oder umgekehrt: „Weil Z, darum auch X." Die andern Teile des Prozesses, nämlich Hypothese und Experiment, können uns für sich allein keinerlei Gewissheit geben. Die Hypothese ist unbestreitbar eine gedankliche Konstruktion – sozusagen etwas „in unseren Köpfen". Und das Experiment ist ein Zustand unseres Bewusstseins. Es ist, sagen wir, das Ablesen eines Thermometers oder das Feststellen einer Farbe, wenn man die Flüssigkeit im Reagenzglas erhitzt. Das heißt, es ist ein Zustand des visuellen Empfindens. Dass die Apparatur, die wir für das Experiment brauchen, auch außerhalb unseres Denkens existiert, können wir nur kraft eines Rückschlusses sagen; wir leiten ihre Realität aus unserer visuellen Wahrnehmung ab. Ich will keineswegs behaupten, dass diese Folgerung schlecht ist. Ich bin subjektiver Idealist, und ich bin überzeugt, dass der

Unterschied, den wir zwischen einem geträumten Experiment und einem Laborexperiment machen, eindeutig und berechtigt ist. Es geht mir nur darum zu zeigen, dass die materielle oder außerhalb unser selbst liegende Welt ganz allgemein eine gefolgerte Welt ist und dass darum spezielle Experimente, weit davon entfernt, uns aus der Spirale der Rückschlüsse in den gewünschten direkten Kontakt mit der Realität zu bringen, selbst nur als Teile dieser höheren Folgerung etwas aussagen. Die Naturwissenschaften sind also genauso auf die Folgerichtigkeit der Logik angewiesen wie die Metaphysik oder die Mathematik. Wenn im Volksdenken die „Wissenschaft" etwas von allen anderen Arten des Wissens Verschiedenes ist, weil wissenschaftliche Ergebnisse experimentell bestätigt werden können, so ist das ein Irrtum. Die experimentelle Bestätigung ist nicht eine neue Art Gewissheit, die von außen hinzukommt, um die Unzulänglichkeit der bloßen Logik wettzumachen. Wir sollten darum die Unterscheidung zwischen wissenschaftlichem und nicht-wissenschaftlichem Denken fallen lassen. Die richtige Unterscheidung ist zwischen logischem und nicht-logischem Denken. Ich meine, die richtige Unterscheidung hinsichtlich unserer augenblicklichen Absicht; der Absicht nämlich, herauszufinden, ob es eine Art von Gedanken gibt, die objektive Geltung hat und nicht *nur* ein Verhaltensmerkmal der menschlichen Gehirnstruktur ist. Für diesen Zweck können wir zwischen der Wissenschaft und anderer logischer Denkarbeit keinen Unterschied machen; denn falls die Logik in Misskredit kommt, muss die Wissenschaft mit ihr zu Fall kommen.

Wenn man will, kann man jeglichen Anspruch auf Erkenntnis aufgeben. Man kann sagen: „Unser Denkverhalten ist nützlich" – ohne auch nur im Stillen hinzuzufügen „... und deshalb richtig." Es befähigt uns dazu, Knochen zu richten, Brücken zu bauen und Satelliten zu konstruieren. Und das genügt. Die alte anmaßende Meinung, wir besäßen Vernunft, müssen wir aufgeben. Das Denken ist ein Verhalten, des sich ausschließlich als Hilfsinstrument für die Praxis entwickelt hat. Deshalb kommen wir auch so gut mit ihm zurecht, solange wir es nur für praktische Belange einsetzen; schwingen wir uns allerdings zu Spekulationen auf und versuchen wir, eine allgemeine Sicht der „Wirklichkeit" zu gewinnen, dann verlieren wir uns in endlosen, nutzlosen und vermutlich rein verbalen philosophischen Auseinandersetzungen. In Zukunft wollen wir demütiger sein. Theologie ade, Ontologie und Metaphysik ade ...

Aber dann auch Naturalismus ade! Denn selbstverständlich ist er ein Paradebeispiel jener schwindelerregenden Spekulation, die zwar aus der Praxis geboren, aber weit über unsere Erfahrung hinausgehend, jetzt verdammt wird. Die Natur ist kein Gegenstand, der den Sinnen oder der Phantasie dargeboten werden kann. Man kann sie nur durch umständlichste Folgerungen begreifen, oder besser noch, sich ihr nur annähern. Sie ist die erhoffte, vermutete Zusammenfassung sämtlicher aus unseren wissenschaftlichen Experimenten gezogenen Schlüsse in einem einzigen ineinanderverwobenen System. Der Naturalist – damit nicht zufrieden – geht sogar noch weiter und behauptet forsch und verneinend: „Es gibt nichts außer ihr", eine Behauptung, die so fern jeder Praxis, Erfahrung und denkbaren Verifikation liegt, wie nur je eine Behauptung gelegen hat, seit der Mensch begann, sein Denkvermögen spekulativ einzusetzen. Und der erste Schritt zu diesem Gebrauch war nach jetziger Auffassung ein Missbrauch, die Perversion einer rein aufs Praktische ausgerichteten Fähigkeit und somit die Ursache aller Trugbilder.

Aus dieser Sicht muss die Position des Theisten als fast ebenso wackelig erscheinen wie die des Naturalisten (fast, nicht ganz; denn sie enthält sich der beispiellosen Kühnheit einer ungeheuren Verneinung). Doch der Theist muss nicht von dieser Sicht ausgehen und tut es auch nicht. Er ist nicht an die Auffassung gebunden, die Vernunft sei eine vergleichsweise junge Entwicklung, die durch einen Ausleseprozess geprägt sei, der nur das biologisch Zweckmäßige zulassen kann. Für den Theisten ist die Vernunft – die Vernunft Gottes – älter als die Natur; und von ihr leitet sich die Regelmäßigkeit der Natur ab, die allein uns in die Lage versetzt, sie zu erkennen. Für den Theisten ist der menschliche Geist, im Akt des Erkennens begriffen, erleuchtet durch die göttliche Vernunft. Er ist im notwendigen Maße befreit von dem riesigen nicht-rationalen Kausalnexus; befreit davon, um sich vom Gegenstand der Erkenntnis bestimmen zu lassen. Und die auf diese Befreiung vorbereitenden Prozesse innerhalb der Natur waren, wenn es sie gab, von vornherein darauf ausgerichtet.

Den Vorgang des Wissens – nicht den Vorgang des Erinnerns, dass irgend etwas in der Vergangenheit so gewesen ist, sondern den des „Erkennens“, dass es immer und in jeder möglichen Welt so sein muss – diesen Vorgang als „übernatürlich“ zu bezeichnen, stellt eine ziemliche Verletzung unserer Sprachgewohnheiten dar. Selbstverständlich meinen wir damit nicht, dass er gespenstig oder sensationell oder gar (in irgendeinem religiösen Sinne) „geistig“ sei. Wir meinen nur, dass er nicht „reinpasst“; dass ein solcher Vorgang, wenn er das ist, was er zu sein beansprucht – und ist er es nicht, dann ist unser gesamtes Denken unglaubwürdig –, nicht nur die an einem bestimmten Ort und zu einer bestimmten Zeit stattfindende Offenbarung jenes gesamten weitgehend geistlosen Systems von Ereignissen sein kann, das wir „Natur“ nennen. Dieser Vorgang muss sich so weit freimachen von jener universalen Kette, dass er von dem, was er erkennt, bestimmt wird.

Es ist wichtig, dass die räumliche Vorstellung, die sich möglicherweise an dieser Stelle aufdrängt (und bei einigen ist das unausweichlich), nicht falsch ist. Wir sollten unsere Denkvorgänge nicht als etwas betrachten, das „über“, „hinter“ oder „jenseits“ der Natur liegt, sondern eher „diesseits der Natur“. Wenn man sie schon räumlich einordnen muss, dann denke man sie sich zwischen uns und der Natur. Zu einer Vorstellung von der Natur gelangen wir überhaupt erst durch den Vorgang des Folgerns. Die Vernunft war vor der Natur da, und von der Vernunft hängt unsere Naturvorstellung ab. Unsere Folgerungsvorgänge liegen vor unserem Bild von der

Natur, wie ja auch zuerst das Telefon da ist und dann erst die Stimme des Freundes, die wir durch dasselbe hören. Es wird uns nicht gelingen, diese Vorgänge in das Bild von der Natur einzubauen. Das, was wir in das Bild einbauen und mit dem Etikett „Vernunft" versehen, ist am Ende stets etwas anderes als die Vernunft, deren wir selbst uns erfreuen und für das Einbauen bedienen. Wollen wir das Denken als evolutionäres Phänomen beschreiben, müssen wir das in einer Weise tun, die immer eine stillschweigende Ausnahme zugunsten des Denkens macht, das wir im selben Augenblick durchführen. Denn ersteres kann nur wie jede andere einzelne Tat eine Offenbarung der allgemeinen und größtenteils nichtrationalen Funktion des ganzen ineinanderverwobenen Systems zu einem bestimmten Zeitpunkt und in einem bestimmten Bewusstsein sein. Letzteres aber, unser gegenwärtiges Denken, beansprucht – und muss beanspruchen –, ein Einblicknehmen zu sein, ein Wissen, das so weit vom nicht-rationalen Kausalnexus befreit ist, dass es (eindeutig) nur vom Gegenstand des Wissens bestimmt wird. Das eingebildete Denken, das wir in das Bild von der Natur einbauen, hängt von dem Denken ab, das wir tatsächlich durchführen – weil unsere ganze Naturvorstellung davon abhängt –, und nicht *umgekehrt.* Das ist die Ur-Wirklichkeit, und auf ihr beruht jedes andere Attribut „Wirklichkeit", wem auch immer es zugeschrieben sei. Passt sie nicht in die Natur hinein, so können wir daran nichts ändern. Wir wollen sie jedoch keineswegs aufgeben. Denn dann gäben wir auch die Natur auf.

Es gibt zwei Arten von Außenstehenden: die Ungebildeten und die, welche zwar gebildet sind, aber auf andere Weise als Sie. Wie Sie der ersten Art gerecht werden wollen, wenn Sie es weltanschaulich mit Leuten wie Loisy, Schweitzer, Bultmann, Tillich oder gar Alec Vidler halten, ist mir schleierhaft. Ich weiß nur – und habe mir sagen lassen, dass auch Sie es wissen –, dass es kaum damit getan wäre, ihnen zu sagen, was Sie wirklich glauben. Eine Theologie, die nahezu allem in den Evangelien, worin christliches Leben, Fühlen und Denken seit bald zwei Jahrtausenden verwurzelt war, die Geschicklichkeit abspricht – die Wunder entweder rundweg leugnet oder, noch seltsamer, wohl das Kamel der Auferstehung schluckt, aber Mücken wie die Speisung der Fünftausend nicht hinunterbekommt –, eine solche Theologie kann, dem Ungebildeten verkündigt, nur zweierlei bewirken: entweder sie macht ihn zum Katholiken oder zum Atheisten. Was Sie ihm vorsetzen, ist für ihn gar kein Christentum. Wenn er an das glaubt, was er als Christentum bezeichnet, dann wird er eine Kirche verlassen, in der es nicht mehr gelehrt wird, und sich eine suchen, wo das noch geschieht. Wenn er aber mit Ihrer Version einverstanden ist, dann wird er aufhören, sich Christ zu nennen, und nicht mehr in die Kirche kommen. In seiner unverbildeten, geraden Art würde er Sie weit mehr achten, wenn Sie es ihm gleichtäten. Ein erfahrener Geistlicher hat mir erklärt, dass die meisten liberalen Pfarrer angesichts dieses Problems die längst begrabene spätmittelalterliche Lehre von den zwei Wahrheiten wieder hervorgeholt haben: einer bildlichen Wahrheit, die man dem Volk verkündigen kann, und einer esoterischen Wahrheit zum Gebrauch für die Geistlichen unter sich.

Naturalist und Supranaturalist

Der Naturalismus könnte, ohne sich damit selbst aufzugeben, eine gewisse Art von Gottheit zugestehen. Das große in sich verwobene Geschehen – Natur genannt – könnte solcherart sein, dass es in irgendeinem Stadium ein großes kosmisches Bewusstsein erzeugt, einen innewohnenden „Gott“, der aus dem Gesamtprozess heraus entsteht, genauso wie der menschliche Geist (gemäß den Naturalisten) aus menschlichen Organismen entsteht. Der Naturalist würde gegen eine solche Art von Gott nichts einzuwenden haben. Der Grund dafür ist folgender: Ein solcher Gott stände nicht außerhalb der Natur oder des Totalsystems, er würde nicht unabhängig davon existieren. Immer noch bliebe „das Ganze“ als Grundfaktum bestehen, und dieser Gott wäre nur eines von den Dingen (wenn auch das interessanteste), die das Grundfaktum enthielte. Was der Naturalismus nicht akzeptieren kann, ist die Vorstellung von einem Gott, der außerhalb der Natur steht und sie geschaffen hat.

Wir sind jetzt in der Lage, den Unterschied zwischen dem Naturalisten und dem Supranaturalisten zu erklären, auch wenn beide mit dem Wort Natur etwas anderes meinen. Der Naturalist glaubt, in Raum und Zeit laufe ganz von selbst ein großer Prozess, ein „Werden“ ab, über das hinaus nichts existiere – das, was wir besondere Dinge oder Geschehnisse nennen, seien lediglich die Teile, in die wir den großen Prozess durch unsere Deutung zerlegen, oder die Formen, die dieser Prozess in gegebenen Augenblicken oder an gegebenen Stationen im Raum annimmt. Diese alleinige, totale Realität nennt er Natur.

Der Supranaturalist hingegen glaubt, *ein* Ding existiere aus sich selbst und habe sowohl den Rahmen von Zeit und Raum als auch den Ablauf systematisch verbundener Geschehnisse geschaffen, durch die jene ausgefüllt werden. Dieses Rahmenwerk samt Ausfüllung nennt er Natur. Es könnte sein, dass sie die einzige Realität ist, die von dem einen ursprünglichen Ding geschaffen wurde. Es könnte aber auch sein, dass es neben dem einen System, das wir Natur nennen, noch andere gibt.

Vernunft und Natur

Die Unterscheidung, die wir zu machen haben, ist nicht die zwischen „Verstand“ und „Materie“, noch weniger die zwischen „Seele“ und „Körper“ (alle vier sind schwere Worte), sondern zwischen Vernunft und Natur: wobei die Grenze nicht dort verläuft, wo die „Außenwelt“ endet und das beginnt, was ich gewöhnlich mein „Ich“ nenne, sondern zwischen der Vernunft und der großen Menge nicht-rationaler Ereignisse, seien sie nun physikalischer oder psychologischer Natur.

Es herrscht viel Verkehr an dieser Grenze, aber immer nur Einbahnverkehr. Die tägliche Erfahrung zeigt uns, dass rationales Denken uns dazu veranlasst und befähigt, den Lauf der Natur zu ändern – den der physikalischen Natur, wenn wir die Mathematik zum Brückenbau verwenden, und den der psychischen Natur, wenn wir Argumente benutzen, um unsere Emotionen zu beeinflussen. Das Verändern der physikalischen Natur gelingt uns häufiger und vollständiger als das Verändern der psychischen Natur; zumindest gelingt es uns bei beiden ein wenig. Andererseits ist die Natur völlig unfähig, rationales Denken zu erzeugen: Nicht, dass sie unser Denken niemals beeinflusst, aber in dem Augenblick, da sie das tut, hört es auf (aus eben dem Grund), rational zu sein. Denn eine Gedankenfolge verliert, wie wir bereits gesehen haben, jede rationale Bestätigung, sobald sie sich völlig als Ergebnis nicht-rationaler Ursachen erweist. Wenn die Natur versucht – um es einmal so auszudrücken –, den rationalen Gedanken etwas anzutun gelingt es ihr nur, sie zu töten. So also sieht die etwas eigentümliche Situation an der oben genannten Grenze aus. Die Natur kann nur in das Gebiet der Vernunft einfallen, um dort zu töten; die Vernunft jedoch kann in die Natur eindringen und dort Gefangene machen und sogar Niederlassungen gründen. Jeder Gegenstand, den Sie soeben vor sich sehen – die Wände, die Zimmerdecke, die Möbel, das Buch, die eigenen gewaschenen Hände und geschnittenen Fingernägel, sie alle bezeugen die Kolonisierung der Natur durch die Vernunft: Denn keiner dieser Gegenstände befände sich in dem Zustand, in dem er ist, wenn man der Natur ihren Lauf gelassen hätte. Und wenn Sie meinen Argumenten so aufmerksam folgen, wie ich es hoffe, dann ist auch diese Aufmerksamkeit das Ergebnis von Gewohnheiten, die die Vernunft dem natürlichen Umherschweifen des Bewusstseins auferlegt hat. Wenn Sie andererseits aber gerade jetzt durch einen Zahnschmerz oder durch Angst in Ihrer Aufmerksamkeit gestört werden, mischt sich die Natur in Ihr Bewusstsein ein; aber nicht, um dadurch irgendeine neue Spielart des Denkens zu schaffen, sondern um (so weit sie es vermag) das Denken auszuschalten.

Mit andern Worten: Die Beziehung zwischen Vernunft und Natur ist das, was manche Leute eine unsymmetrische Beziehung nennen. Die Beziehung zweier Brüder zueinander ist eine symmetrische, denn wen A der Bruder von B ist, dann ist B der Bruder von A. Die Vater-und-Sohn-Beziehung ist eine unsymmetrische Beziehung, denn wenn A der Vater von B ist, dann ist B *nicht* der Vater von A. Die Beziehung zwischen Vernunft und Natur ist von letztgenannter Art. Die Vernunft steht nicht in der gleichen Beziehung zur Natur wie die Natur zur Vernunft.

Ich weiß nur allzu gut, wie ungeheuerlich das sich abzeichnende Bild all jenen vorkommen muss, die im Naturalismus erzogen worden sind. Es ist ein Bild, das die Natur (zumindest auf der Oberfläche unseres Planeten) als ein pockennarbiges Gesicht mit zahllosen kleinen Öffnungen darstellt. Und an jeder dieser Öffnungen kann sie von etwas Andersartigem – nämlich der Vernunft – angegriffen werden.

Wer sich die Natur zur Lehrmeisterin nimmt, lernt bei ihr genau das, was er bereit zu lernen entschlossen ist. Mit anderen Worten: die Natur lehrt nicht. Die Neigung, sie zur Lehrmeisterin zu nehmen, lässt sich offensichtlich sehr leicht auf das Erlebnis aufpfropfen, das wir „Naturliebe“ nennen. Aber sie ist nur ein Pfropfreis. Solange wir den „Stimmungen“, dem „Geist“ der Natur unterworfen sind, weisen sie auf keine Moral hin. Überschäumende Heiterkeit, unerträgliche Größe, finstere Verlassenheit stürzen auf dich ein. Mach daraus was du kannst, wenn du überhaupt etwas machen musst. Das einzige, was die Natur fordert, ist: „Schau! Horch! Merk auf!“

Diese Aufforderung wird oft missdeutet, und die Leute basteln ihre eigenen Theologien, Pantheolgien und Antitheologien daraus – aber das berührt die grundlegende Erfahrung nicht. Was die Naturliebhaber – seien sie Anhänger Wordsworths oder der „dunklen Götter im Blut“ – von der Natur erhalten, ist eine Ikonographie, eine Bildersprache. Ich meine nicht bloß die sichtbaren Bilder; der „Geist“, die „Stimmungen“ selbst sind die Bilder: die machtvolle Darbietung von Schrecken, Schwermut, Heiterkeit, Grausamkeit, Lust, Unschuld, Reinheit. In diese Bilder kann jeder seinen eigenen Glauben kleiden. Theologie und Philosophie aber müssen wir anderswo lernen (und warum denn nicht bei den Theologen und Philosophen!).

Mit „in Bilder kleiden“ meine ich nichts von der Art, wie die Dichter die Natur zu Gleichnissen oder Metaphern benützen. Vielleicht trifft „füllen“ oder

„verkörpern“ den Sachverhalt besser als „kleiden“. Wir brauchen Worte, um unsern Glauben bekennen zu können; viele Leute – ich gehöre auch zu ihnen – könnten ohne ihre Naturerlebnisse diesen Worten gar keinen Inhalt geben. Die Natur hat mich nie gelehrt, dass es einen Gott von unendlicher Majestät und Herrlichkeit gibt. Das musste ich auf andere Weise lernen. Aber die Natur hat das Wort „Herrlichkeit“ für mich mit Sinn erfüllt. Ich weiß heute noch nicht, wo ich ihn sonst hätte finden können. Und ich sehe nicht, wie die Gottes„furcht“ für mich je etwas anderes bedeutet hätte als das elementare Bedürfnis nach Sicherheit, hätte ich nie abgründige Schluchten und hochragende Klippen gesehen. Und wenn die Natur nicht gewisse Sehnsüchte in mir geweckt hätte, wäre mir wohl unendlich vieles, was ich jetzt Gottes„liebe“ nenne, für immer verborgen geblieben.

Evolution

In der Vorstellung der meisten Leute beschwört das Wort „Evolution“ das Bild einer Welt herauf, in der es mit allen Dingen immer vorwärts und aufwärts geht und etwas anderes gar nicht vorkommt. Und das war zu erwarten. Noch ehe die Wissenschaft gesprochen hatte, wusste die mythische Fantasie, was für eine „Evolution“ sie wollte. Sie wollte die keatssche und wagnersche Evolution: Wo Götter die Titanen verdrängen und der junge, fröhliche, furchtlose, liebende Siegfried dem gramgebeugten, von bösen Ahnungen umgetriebenen, von Verträgen gebundenen Wotan den Rang abläuft. Wenn die Wissenschaft Material liefert, das diese Forderung befriedigt, dann wird es begierig aufgenommen. Wenn sie Material liefert, das sie unbefriedigt lässt, dann wird es einfach ignoriert.

Schöpfung

Ich behaupte nicht, dass die Erschaffung der Natur durch Gott ebenso deutlich bewiesen werden kann wie die Existenz Gottes; doch erscheint es mir als überaus wahrscheinlich – als so wahrscheinlich, dass niemand, der sich dieser Frage aufrichtigen Sinnes nähert, eine andere Hypothese überhaupt ernsthaft in Betracht ziehen kann. Tatsächlich begegnet man selten einem Menschen, der die Existenz eines übernatürlichen Gottes erfasst hat und dennoch sein Schöpfertum verneint. Unser ganzes Beweismaterial deutet auf dieses Schöpfertum hin, und sobald wir anderes zu glauben versuchen, ergeben sich von allen Seiten Schwierigkeiten. Keine der philosophischen Theorien, die mir bisher begegnet sind, stellte eine radikale Verbesserung des *Genesis*-Wortes dar: „Im Anfang schuf Gott Himmel und Erde." Ich sage „radikal", weil die Geschichte in 1. Mose – wie Hieronymus vor langer Zeit sagte – im Stil eines „Volksdichters" erzählt ist, oder wie wir sagen würden, in Form einer Volkserzählung. Wenn man sie aber mit den Schöpfungslegenden anderer Völker vergleicht – samt deren köstlichen Absonderlichkeiten, laut denen noch *vor* der Schöpfung Riesen gemäht und Fluten getrocknet werden mussten –, wird einem die Tiefe und die Ursprünglichkeit dieser jüdischen Volkserzählung nur umso bewusster. In ihr ist der Gedanke einer *Schöpfung* im eigentlichen Sinn des Wortes voll erfasst worden.

Himmel

Es ist kein Zufall, dass schlichte Menschen, wie geistlich sie auch gesonnen sein mögen, die Vorstellungen von Gott und Himmel mit dem blauen Himmelszelt vermischen. Es ist eine Tatsache und keine Phantasie, dass das Licht und die lebensspendende Wärme vom Himmel herab zur Erde kommen. Die Analogie von der Erzeugerrolle des Himmels und der Gebärerinnenrolle der Erde ist, so weit sie reicht, wohlbegründet. Von allen sinnlich wahrgenommenen Dingen kommt der riesige Himmelsdom der Unendlichkeit am nächsten. Als Gott den Raum schuf und Welten, die sich in ihm bewegen, und als er unsere Welt mit Luft umhüllte und uns die Augen und Vorstellungskräfte gab, die wir besitzen, wusste er, welche Bedeutung das Himmelszelt für uns haben würde. Und wenn er es wusste, dann wollte er es auch, denn an seinem Werk ist nichts zufällig. Wir können keineswegs sicher sein, ob nicht gerade diese Bedeutung einer der Hauptzwecke war, zu denen die Natur erschaffen wurde; und noch viel weniger sicher können wir uns sein, ob sie nicht einer der Hauptgründe war, weswegen das Entschwinden auf die menschlichen Sinne wie eine Aufwärtsbewegung wirken konnte. (Ein Verschwinden in die Erde hinein hätte eine völlig andere Religion entstehen lassen).

Die Alten befanden sich keineswegs völlig im Irrtum, als sie die geistige Symbolik des Firmaments unmittelbar in ihre Sinne aufnahmen, ohne erst innezuhalten und mittels Analyse zu entdecken, dass es ein Symbol ist. In einer Weise haben sie sich vielleicht weniger geirrt als wir.

Denn wir sind genau ins Gegenteil verfallen. Gestehen wir doch ein, dass wahrscheinlich jeder heute lebende Christ Schwierigkeiten damit hat, die beiden Aussagen, die er über den „Himmel" gehört hat, miteinander in Einklang zu bringen – nämlich dass er einerseits ein Leben in Christo, eine Vision Gottes, eine unaufhörliche Anbetung und andererseits körperliches Leben sei. Sobald wir in diesem Leben der Vision von Gott sehr nahe zu kommen scheinen, wird der Körper für uns fast zur Belanglosigkeit. Und sobald wir versuchen, uns unser ewiges Leben als ein körperliches Leben (in welchem Körper auch immer) vorzustellen, entdecken wir, wie ein vager Traum von platonischen Paradiesen und Hesperidengärten an die Stelle jener mystischen Annäherung rückt, von der wir doch meinen (zu Recht, wie ich glaube), dass sie wichtiger sei. Wenn diese Diskrepanz aber endgültig wäre, so würde daraus folgen – was absurd ist –, dass Gott ursprünglich einen Fehler beging, indem er unseren Geist überhaupt in die natürliche Ordnung einführte. Wir müssen also zu dem Schluss kommen, dass eben diese Diskrepanz eine jener Unordnungen ist, die die neue Schöpfung heilen wird. Die Tatsache, dass wir hier auf Erden Körper, Örtlichkeit, Bewegung und Zeit gegenüber den höchsten Bereichen geistigen Lebens als belanglos empfinden, ist (ebenso wie die Tatsache, dass wir unseren Körper für „unanständig" halten können) ein *Symptom*. Geist und Natur haben sich in uns zerstritten; das ist unsere Krankheit. Und bis jetzt können wir nichts tun, was uns in die Lage versetzen würde, uns ihre vollkommene Heilung vorzustellen. Ein paar verstohlene Einblicke und schwache Andeutungen haben wir: in den Sakramenten; in der Art und Weise, wie sich große Dichter der sinnlichen Bilder bedient haben; in den kostbarsten Augenblicken geschlechtlicher Liebe; in unserer Erfahrung von der Schönheit dieser Erde. Die volle Heilung aber geht gänzlich über unser Vorstellungsvermögen hinaus. Mystiker sind in der Kontemplation Gottes bis zu dem Punkt gelangt, an dem die Sinne verbannt sind; das nächste Stadium, in dem sie wieder eingesetzt werden, ist (meines Wissens) noch von keinem erreicht worden. Das Schicksal des erlösten Menschen ist nicht in geringerem, sondern in stärkerem Maße unvorstellbar, als der Mystizismus uns vermuten lassen könnte – denn dieser ist voll von Halb-Vorstellbarem, was wir zum gegenwärtigen Zeitpunkt nicht zugeben können, ohne es dadurch im Wesen zu zerstören.

Sinnlosigkeit

Ich denke, die vernichtendste Kritik, die wir gegen unser Gefühl der Sinnlosigkeit aufbieten können, ist diese: „Sinnlosigkeit ist das Gegenteil von Nützlichkeit." Eine Maschine oder ein Plan sind sinnlos, wenn man sie nicht zu dem Zweck benutzen kann, zu dem sie bestimmt sind. Wenn wir also das Universum sinnlos nennen, dann wenden wir eigentlich ein Mittel- und Zweck-Denkschema an: Wir behandeln es, als wäre es etwas vom Menschen Gemachtes, und zwar gemacht für einen bestimmten Zweck: Damit, dass wir es sinnlos nennen, drücken wir lediglich unser naives Erstaunen über die Entdeckung aus, dass die Grund-Realität nicht die Merkmale eines menschlichen Werkzeugs – eines von Menschen zum Gebrauch für Menschen hergestellten Gegenstands – aufweist, und die Forderung, dass sie es tun sollte, könnte als grotesk bezeichnet werden; etwa als klagten wir, dass ein Baum unnütz sei, weil ihm die Äste zufällig nicht genau dort wachsen, wo wir sie gerne zum Klettern hätten – oder noch krasser, dass ein Stein unnütz sei, weil er nicht essbar ist.

Diese Auffassung besticht zunächst fraglos mit der unwiderstehlichen Frische eines gesunden Menschenverstands, und ich glaube wirklich, dass man einer Philosophie, in der diese Ansicht nicht mindestens ein Element bildet, auch in allem übrigen nicht trauen kann. Aber für sich genommen, erweist sie sich doch als etwas zu einfach.

Logisch zu Ende gedacht, führt sie uns etwa zu folgendem: Die Aussage, die dem wirklichen Sachverhalt gerecht wird, heißt nicht: Das Universum ist sinnlos, sondern: Das Universum hat ein Lebewesen namens Mensch hervorgebracht, das Werkzeuge machen kann. Die lange Gewohnheit des Werkzeugmachens hat in ihm eine andere Gewohnheit erzeugt – die Gewohnheit, in Mittel- und Zweckzusammenhängen zu denken. Diese Gewohnheit ist ihm so in Fleisch und Blut übergegangen, dass es dieses Denkschema auch dann gebraucht, wenn es nicht mit

Werkzeugmachen beschäftigt ist – es projiziert es, wie man sagt, auf die Wirklichkeit als Ganzes. Daher kommt seine absurde Angewohnheit, ständig zu verlangen, das Universum müsse „gut“ sein, oder sich zu beklagen, dass es „schlecht“ ist. Aber solche Gedanken sind *nur* menschlich. Sie sagen nichts über das Universum, sie sind lediglich ein Merkmal des Menschen – wie seine Haarfarbe oder die Form seiner Lungen.

Nur ein kurzer Augenblick

Das Christentum behauptet, jeder einzelne Mensch werde ewig leben; und diese Behauptung ist entweder richtig oder falsch. Nun gibt es viele Dinge, über die wir uns nicht den Kopf zerbrechen müssten, wenn wir nur siebzig Jahre lebten, über die wir uns aber sehr wohl ernsthafte Gedanken machen sollten, wenn wir ewig leben. Mein Jähzorn oder meine Eifersucht werden vielleicht langsam schlimmer – so langsam, dass man es im Verlauf von siebzig Jahren kaum bemerkt. Aber in einer Million Jahren könnten sie mir das Leben zur absoluten Hölle machen; und wenn das Christentum Recht hat, dann ist „Hölle“ hier wirklich der richtige Begriff. Und der Gedanke an die Unsterblichkeit hat noch eine weitere Auswirkung, die, nebenbei gesagt, in direktem Zusammenhang steht mit dem Unterschied zwischen Totalitarismus und Demokratie. Wenn der einzelne Mensch nur siebzig Jahre lebt, dann sind ein Staat, eine Nation oder eine Kultur, die tausend und mehr Jahre existieren können, wichtiger als der Mensch.

Wenn der christliche Glaube jedoch wahr ist, dann ist der einzelne Mensch nicht nur wichtiger, sondern er ist unvergleichlich viel wichtiger. Er wird ewig leben; und verglichen damit ist das Leben eines Staates oder einer Kultur nur ein kurzer Augenblick.

Quellenverzeichnis

Die Texte stammen aus folgenden Büchern von Clive Staples Lewis:

Wunder – möglich – wahrscheinlich – undenkbar? Aus dem Englischen von Brigitta Müller-Osenberg, Brunnen-Verlag Basel und Gießen, 4. Aufl. 1999

Pardon, ich bin Christ. Meine Argumente für den Glauben, Brunnen-Verlag Basel und Gießen

Gedankengänge, Essays zu Christentum, Kunst und Kultur. Aus dem Englischen von Barbara Brugger, Brunnen-Verlag Basel und Gießen, 7. Aufl. 2004

Was man Liebe nennt. Zuneigung, Freundschaft, Eros, Agape. Aus dem Englischen von Dorothee Degen-Zimmermann, Brunnen-Verlag Basel und Gießen, 1986

Eintauchen – Träumen – Entdecken – Genießen

Anselm Grün
Mit Anselm Grün zur inneren Balance finden
Hg. von Anton Lichtenauer
Band 5701

Mit Senta Berger ins weite Land der Kindheit
Hg. von Senta Berger
Band 5702

Joel ben Izzy
Mit Joel ben Izzy im Zaubergarten des Erzählens
Band 5703

Rainer Maria Rilke
Mit Rilke ins Herz der Liebe schauen
Hg. von Ulla Bohn
Band 5704

Robert Lax
Mit Robert Lax die Träume fangen
Hg. von Steve Theodore Georgiou
Band 5705

Dalai Lama
Mit dem Dalai Lama den Tag beschließen
Hg. von Karin Lichtenauer
Band 5706

Verena Kast
Mit Verena Kast die Lebensfreude einladen
Band 5707

Janusz Korczak
Mit Janusz Korczak die Kinderwelt verstehen
Hg. von Annelie Öhlschläger
Band 5708

Immanuel Kant
Mit Kant am Ast der Dummheit sägen
Hg. von Hans-Joachim Neubauer
Band 5709

Friedrich Nietzsche
Mit Nietzsche die Langsamkeit entdecken
Hg. von Hans-Joachim Neubauer
Band 5710

Mit Erich Fromm die Liebe zum Leben entdecken
Hg. von Rainer Funk
Band 5793

Mit Schopenhauer gelassen durchs Leben
Hg. von Hans-Joachim Neubauer
Band 5794

Mit Tucholsky die Frauen verstehen
Hg. von Günter Stolzenberger
Band 5795

Mit Hannelore Hoger dem Täter auf der Spur
Hg. von Hannelore Hoger
Band 5808

C. S. Lewis im Brunnen Verlag Basel

Pardon, ich bin Christ
Meine Argumente für den Glauben
ISBN-10: 3-7655-3150-2
ISBN-13: 978-3-7655-3150-7

Ich erlaube mir zu denken
Essays zu zeitgemäßen und unzeitgemäßen Fragen
ISBN-10: 3-7655-3862-0
ISBN-13: 978-3-7655-3862-9

Gott auf der Anklagebank
ISBN-10: 3-7655-3472-2
ISBN-13: 978-3-7655-3472-0

Was man Liebe nennt
Zuneigung, Freundschaft, Eros, Agape
ISBN-10: 3-7655-3266-5
ISBN-13: 978-3-7655-3266-5

Wunder
möglich – wahrscheinlich – undenkbar?
ISBN-10: 3-7655-3316-5
ISBN-13: 978-3-7655-3316-7

Das Gewicht der Herrlichkeit
und andere Essays
ISBN-10: 3-7655-3861-2
ISBN-13: 978-3-7655-3861-2

Ewig währt am längsten
Ein 52-Wochen-Tagebuch
ISBN-10: 3-7655-5855-9
ISBN-13: 978-3-7655-5855-9

Christian Rendel
Von Belfast nach Narnia: Das Leben von C. S. Lewis
ISBN-10: 3-7655-1375-X
ISBN-13: 978-3-7655-1375-6